一本职场人必备的职业沟通技巧指南

开启一场
"包容之心、感恩之态、崇尚之感"
的生活美学

省级一流本科课程（线上一流课程）配套教材
学习强国、国家高等教育智慧教育平台、爱课程（中国大学 MOOC）、
学堂在线、智慧树、优课联盟、超星、教育部学堂在线国际版平台、
法国 FUN MOOC、印尼 ICE INSTITUTE 十大平台开设慕课

教育部课程思政示范课程配套教材
新华思政网、高校课程思政教师培训网开设课程

普通高等教育系列教材

职场礼仪

李媛媛　童　茜　张　超　刘　鑫
张馨元　李江玲　唐　敏　汪　斌　编著

《职场礼仪》课程
总入口

本书作为一本融媒体新形态教材，适用范围广、实用性强，系统化、专业化地介绍了职场礼仪知识，具有高阶性和创新性。本书从社会对人才的需求出发，精选了礼仪与职场、职业形象礼仪、仪态举止礼仪、位次排列礼仪、会面交往礼仪、沟通联络礼仪、商务宴请礼仪、接待拜访礼仪、求职面试礼仪和公众演讲礼仪十个职场礼仪模块进行讲解。

本书分享的内容"始于礼仪，终于思维"，通过设置"礼仪迷思"和"笔者分享"模块，培养读者的礼仪思维方式。将礼仪与思维合二为一，在强化自我认知的同时，实现有效的自我磨炼，建立和谐的人际关系，助力未来职场。

本书既是"职场菜鸟礼仪指南"慕课的配套教材，也可以作为职场礼仪课程或培训的"线上+线下"混合式教学教材，还可以作为职场新人和礼仪小白提升礼仪素养和职业综合能力的参考读物。

让我们一起用多维视角看待人生，一起在职场中感知礼仪、领悟礼仪、践行礼仪吧！

图书在版编目（CIP）数据

职场礼仪 / 李媛媛等编著. — 北京：机械工业出版社，2024.2（2025.3重印）

普通高等教育系列教材

ISBN 978-7-111-75013-0

Ⅰ.①职… Ⅱ.①李… Ⅲ.①心理交往－礼仪－高等学校－教材 Ⅳ.① C912.12

中国国家版本馆CIP数据核字（2024）第046885号

机械工业出版社（北京市百万庄大街22号 邮政编码100037）
策划编辑：刘 畅　　　　　　　　责任编辑：刘 畅
责任校对：肖 琳 丁梦卓 闫 焱　　封面设计：王 旭
责任印制：郜 敏
中煤（北京）印务有限公司印刷
2025年3月第1版第2次印刷
210mm×285mm・13.75印张・1插页・339千字
标准书号：ISBN 978-7-111-75013-0
定价：79.80元

电话服务	网络服务
客服电话：010-88361066	机 工 官 网：www.cmpbook.com
010-88379833	机 工 官 博：weibo.com/cmp1952
010-68326294	金 书 网：www.golden-book.com
封底无防伪标均为盗版	机工教育服务网：www.cmpedu.com

前　言

2010年，我作为一名大学教师开始了我的职业生涯。每年一到毕业季，我的脑子里都会重复地出现一个问题：我应该给学生什么？其实在十多年的教学中，我的答案一直在变：从最开始的知识，到技能、专业、能力，再到今天的崇尚感，我希望培养的是懂礼仪、善沟通并有社会责任感的人。

也许很多人会觉得礼仪并不是大学教育的核心部分，但很多毕业生却对我说，礼仪是他们大学里学到的非常实用的一门课程。礼仪不是财富和知识积累后的必然，并不是读了大学或者有了经济基础就一定会成为一个有素养的人；礼仪是发自内心对所有生命的尊重，是正确的人生观和价值观的自然表现，是具有包容之心、感恩之态、崇尚之感的生活美学。

2017年，我们团队结合多年的职场礼仪理论和实践的教学与研究，申报了昆明理工大学慕课建设项目，开发了"职场菜鸟礼仪指南"慕课，希望能帮助更多的职场新人和礼仪小白掌握礼仪知识，提高职场礼仪素养和职业综合能力。

本书既是昆明理工大学"新兴重点系列"教材建设项目的成果，也是"职场菜鸟礼仪指南""A Beginner's Guide to Etiquette"慕课建设和"商务礼仪与沟通"国家级课程思政示范课程建设的成果之一。

本书的每个模块都可以分成三部分：第一部分以名人名言和礼仪迷思开场；第二部分除了传授职场礼仪的核心知识，还增设了小贴士和任务达标模块；第三部分设计了笔者分享内容。通过这样的设计，培养学习者发现问题、分析问题和解决问题的能力，拓展礼仪知识的深度和广度，启发多角度、多层次的礼仪思考。

通过扫描本书二维码，可以观看"职场菜鸟礼仪指南"慕课全套视频。自2018年8月开始，中文版慕课"职场菜鸟礼仪指南"在国家高等教育智慧教育平台、爱课程（中国大学MOOC）、学堂在线、智慧树、优课联盟、超星六大国内慕课平台上线，选课院校300余所，选课人数超22.5万人次，累计互动106.24万次。该课程被评为云南省一流本科课程，荣获智慧树网"十万金课""通识课人气课程""Top100课程"等荣誉，在"学习强国"累计播放超45万次。

英文版慕课"A Beginner's Guide to Etiquette"经国际专家评审后，在2020年4月1日上线法国FUN MOOC国际平台，同月上线教育部在线教学国际平台——"学堂在线"国际版，2023年上线印尼ICE INSTITUTE平台。该课程是云南省第一门上线国外平台的慕课，是我国大陆地区第三门上线法国FUN MOOC国际平台的慕课，也是中国第一批上线教育部在线教学国际平台的慕课。截至目前，课程团队已为来自世界120个国家和地区的共计6575名在线学习者提供了优质的在线教学服务。

本书的编写分工如下：模块一、五、八由李媛媛编写；模块二、三由李江玲、李媛媛编写；模块四、七由童茜、李媛媛编写；模块六、九、十由张馨元、刘鑫、张超、李媛媛编写。全书的结构与设计、统稿与审定由李媛媛、汪斌、唐敏完成。本书的数字化内容由"职场菜鸟礼仪指南"慕课团队成员共同完成。在此，特别感谢课程助教沈煜欣、视频拍摄团队负责人王玉蓉、礼仪学生团队负责人洪之博、礼仪插画制作者谢牧云以及国内外各大慕课平台的工作人员对"职场菜鸟礼仪指南"慕课的完美呈现及课程的在线运营与维护做出的不懈努力。

在本书的编写过程中，团队参考了大量国内外专家学者的文献和资料，在此表示衷心的感谢。此外，感谢昆明理工大学对《职场礼仪》教材建设、"职场菜鸟礼仪指南""A Beginner's Guide to Etiquette"慕课建设、"商务礼仪与沟通"国家级课程思政示范课程建设的支持，感谢学校各级领导对本人和团队一直以来的帮助。

尽管在编写过程中做出了许多努力，但仍可能存在疏漏和不足之处，恳请广大读者不吝赐教，批评指正。

李媛媛

2023年10月

目 录

前言

模块一　礼仪与职场

礼仪迷思 / 001
　　01　抖一抖礼仪的那些事 / 002
　　02　七秒印象，以礼入职 / 005
笔者分享 / 007

模块二　职业形象礼仪

礼仪迷思 / 008
　　03　着装，成功形象的启程 / 009
　　04　如何穿出男士的机遇 / 012
　　05　职场女性穿衣"变身记" / 017
　　06　护肤不将就 / 022
　　07　职场"易容术" / 026
笔者分享 / 030

模块三　仪态举止礼仪

礼仪迷思 / 031
　　08　举手投足的惊叹 / 032
　　09　宝贵的职场"表情包" / 038
　　10　隐形的标点符号 / 042
笔者分享 / 045

模块四　位次排列礼仪

礼仪迷思 / 046

11　讲礼，就要先搞清楚位次问题 / 047
12　你走的位置到底应该在哪里 / 050
13　乘车，你坐对了吗 / 055
14　找准"上位"不会错 / 059
15　尊重宾客，从"哪里"开始 / 063
16　女士优先，你觉得如何 / 067

笔者分享 / 071

模块五　会面交往礼仪

礼仪迷思 / 073

17　打招呼的学问 / 074
18　不可忽视的称呼 / 077
19　建立联系的第一次触碰 / 081
20　有力量的"温度" / 085
21　入乡随俗的见面礼 / 087
22　正式亮出身份 / 091
23　做好双方的桥梁 / 094
24　形象的第二张脸 / 097

笔者分享 / 100

模块六　沟通联络礼仪

礼仪迷思 / 101

25　让电话展示你的修养 / 102
26　告别粗鲁的手机滥用者 / 107
27　e时代的"人脉经" / 110
28　"扫"不完的"雷区" / 114

笔者分享 / 119

模块七　商务宴请礼仪

礼仪迷思 / 120

29　成功邀约是一切宴请的开端 / 121
30　别小看餐桌上的"选择题" / 126
31　"能饮"不等于"会饮" / 129
32　据说 90% 的中国人都用错了 / 133
33　餐桌上隐藏的软实力 / 137
34　餐桌上的"兵器铺" / 140
35　一道一道的盛宴，你会吃吗 / 145
36　与餐酒的"热恋" / 150
37　绅士和淑女的优雅 / 154

笔者分享 / 157

模块八　接待拜访礼仪

礼仪迷思 / 158

38　小场合，大形象 / 159
39　特别的你，特别对待 / 162
40　留下好印象只有一次机会 / 165
41　"客随主便"做个受欢迎的拜访者 / 170
42　适合的，才是最好的 / 173

笔者分享 / 176

模块九　求职面试礼仪

礼仪迷思 / 178

43　知己知彼，一战告捷 / 179
44　怎样写一份让 HR 无法拒绝的简历 / 182
45　让面试胜算加倍的秘籍 / 186
46　面试官的题库拿走不谢 / 190

47　最尴尬时请打开此锦囊 / 193
笔者分享 / 195

模块十　公众演讲礼仪

礼仪迷思 / 196
48　如何克服演讲前的恐惧 / 197
49　怎样构思演讲稿 / 200
50　如何打造个人演讲风格 / 206
笔者分享 / 210

参考文献 / 211
后记 / 212

职场礼仪

模块一 ① 礼仪与职场

人无礼则不生，事无礼则不成，国家无礼则不宁。
——《荀子·修身》

礼仪迷思

在十年的礼仪教学和实践中，媛媛老师发现很多同学对待礼仪会有些迷惑不解：礼仪真的那么重要吗？软技能和硬实力哪个更有价值？

在现代社会发展中，国家需要的是德智体美劳全面发展的社会主义建设者和接班人；企业需要的是具有综合能力和职业道德与素养的员工。试想一下，如果一个人只有专业，却不懂礼仪，不善沟通，无法与团队合作，如何能完成复杂的工作呢？所以礼仪和个人、企业、国家应该是相辅相成、共同发展的关系。礼仪可以帮助个人走得更好、更远；可以帮助企业规范员工行为，赢得顾客和市场；可以提高全民道德素养，促进社会和谐发展。那么，就请跟随我们一起，开启"礼仪之门"吧。

01 抖一抖礼仪的那些事

> 不学礼，无以立。
> ——《论语·季氏》

礼仪在全世界范围内都是一个重要的话题。我国素有"礼仪之邦"的美称，注重礼仪和以礼待人是中华民族的传统美德。古人云："中国有礼仪之大，故称夏，有服章之美，谓之华。"可见，我国有"华夏"之称来源于良好的礼仪风范和优美的文化传统。孔子曾说过："不学礼，无以立。"礼仪是一个国家、一个民族文明程度和文化特色的重要标志之一，也是立国的精神要素。

在西方，"礼仪"一词源于法语的"Etiquette"，原意为"法庭上的通行证"，记载着进入法庭时应遵守的事项，而它的英文释义就有了规矩、礼节、礼仪的含义。西方人把礼仪当作"人际交往的通行证"。

礼仪的含义

礼仪是由"礼"和"仪"两部分组成的。礼仪中的"礼"字可以理解为礼节、礼貌；而"仪"字代表了仪式和仪表。

礼节是一个人表示敬意、问候、祝愿等惯用的形式；礼貌是人们在相互交往过程中表示敬重、友好的行为规范；仪式是在一定场合举行的具有专门程序和规范的活动；仪表是人的外表，如容貌、服饰、姿态和举止等。

简单来说，礼仪是人们在社会交往中，由于受到历史传统、风俗习惯、宗教信仰、时代潮流等因素的影响而形成的，既为人们所认同，又为人们所遵守，以建立和谐关系为目的的各种行为规范和准则。所以，礼仪具有普遍性，又具有差异性和发展性。

礼仪的原则

无论是在生活中，还是在职场中，我们首先应该遵守礼仪的四个基本原则。

尊重

尊重是礼仪的核心原则。例如，男士在吸烟前，询问女士的意见，这就代表着对女性的尊重。每个人首先要懂得尊重自己，因为如果连自尊都做不到，那更不要奢望得到别人的尊重。此外，要学会尊重他人的人格、劳动和价值，因为尊重他人就是尊重自己。尊重应该是发自内心的，也就是说，我们表达的尊重应该是真诚、表里如一的，而不是口是心非、逢场作戏的。

古希腊哲学家苏格拉底曾说过："不要靠馈赠去获得朋友，你须贡献你诚挚的爱，学会怎样用正当的方法来赢得一个人的心。"请记住：我们希望别人怎么对待自己，我们就应该首先那样地去对待他们。

遵守

礼仪是人们所认同的各种行为规范和准则，是人人都应该遵守的。例如，人人都应该遵守公共道德、守时、守信等。孔子曾说过："民无信不立""与朋友交，言而有信"，强调的正是守信的原则。所以在职场中，一旦许诺就应尽力做到，没有十分的把握，不要轻易许诺。

适度

在职场中，情感的表达应该适度，这就要求待人既应彬彬有礼，又不低三下四；既要殷勤大方，又不失庄重，把握好各种情况下人与人的社会距离以及彼此间的感情尺度。适度原则可以表现在感情适度、谈吐适度、举止适度和妆饰适度等方面。

自律

自律原则是指在社交中自觉按礼仪规范去做，无须别人的提示与监督，懂得自我学习、自我反省、自我检查。通过礼仪的学习，树立起一种内心的道德信念和礼仪修养准则，从而获得一种内在的力量。在这种力量下，不断提高自我约束和自我控制的能力。孔子说的"非礼勿视，非礼勿听，非礼勿言，非礼勿动"就是礼仪中自律原则的具体要求。

除了尊重、遵守、适度、自律四个基本原则外，我们还应该遵守入乡随俗和灵活应用的礼仪原则，尤其是在跨文化沟通中。

入乡随俗

中国有句古话："百里而异习，千里而殊俗。"俄罗斯有句谚语："不要把自己的规矩带到别人家中。"非洲人则夸张地形容："到了独脚人居住的村子就应该用一条腿走路。"欧洲则有"在罗马行如罗马人"的说法。所以无论在哪个国家，人们都要遵守入乡随俗的原则，努力了解所到国家的风俗习惯，而不是以自己国家的行为习惯作为唯一应当遵循的标准。

灵活应用

学习礼仪并不是让大家一成不变地按照某些固定的规则去做事，也不是为了抬高自己贬低别人，而是要培养大家的礼仪思维。在"对己"时，知道如何正确地运用礼仪规则，并懂得根据不同的条件、场合灵活应对；在"对人"时，懂得给予他人足够的尊重，让身边的人觉得舒服、放松。

礼仪的修炼

礼仪是一种思维方式，也是一种生活方式，更是一个人一生都在经历的修行。

礼仪是需要培训和引导的。良好、优雅的行为举止不是与生俱来的，而是后天习得的，就像练习打球、绘画、弹钢琴一样，经常重复一种行为，它就会变成自发、自然的习惯，会让我们变得更加自信。

如果人生是一场投资，那么礼仪的修炼就是其中最持久的投资行为，因为它将贯穿于每个人的一生，是一场自我认识和自我磨炼的"盛宴"。

 职场礼仪

自我认识

职场新人可以通过读书、旅行、培训、社会实践等方式学习礼仪知识，了解社会习俗和风土人情，改善自己的礼仪修养。不要害羞，不要怕错，多观察、多思考。同时，要明确自己在不同情况下的角色定位，因为每个人在一生中都会扮演不同的角色：是领导或下属；是晚辈或长辈；是主人或客人；是亲人或朋友。所以，上下级之间、晚辈长辈之间、主宾之间、亲朋之间，礼仪要求也是有差异的。我们要学会全面、客观地认识自我，并扮演好每一个角色。

自我磨炼

礼仪是一场修行，也是一场磨炼。从内我们应该多读书，培养自己的礼仪意志；从外我们要多练习一些细小的规范，如站、坐、行、微笑，培养自己的礼仪行为。因为只有通过不断的练习，才能使礼仪成为一种自觉的行为。常言道：三代才能培养出一个"贵族"。"贵族"不仅仅代表了一定的经济地位与社会地位，更是一种风度与修养的体现。古人曾说过："少成若天性，习惯成自然。"意思是说从小就培养一个人的文明礼貌，才能形成良好习惯。所以，我们要不断地锻炼自己的礼仪意志和礼仪行为，让礼仪成为身体的一部分。

礼仪无小事，礼仪应利人利己、利国利民。礼仪不是财富和知识积累后的必然，而是发自内心对所有生命的尊重，是正确的人生观和世界观的自然表现。礼仪是人际交往中不可缺少的润滑剂，也是通往职场必备的一项职业技能。所以，从现在开始培养自己的礼仪修养，时间会带给大家奇迹。

 小贴士
- 礼仪原则中最重要的是尊重和适度原则。
- 具有良好的礼仪规范还应懂得入乡随俗和灵活应用。
- 礼仪是一生之事，是需要后天的学习和养成的。

任务达标

扫描下方二维码，观看慕课视频，完成测试。

慕课"赢在礼仪"   测试

思考：大家如何看待"吃亏是福"这句话呢？

02 七秒印象，以礼入职

> 夫礼，天之经也，地之义也，民之行也。
> ——《左传·昭公二十五年》

杨澜女士曾说过，没有人有义务必须透过你邋遢的外表去发现你优秀的内在。当今社会，很少有人愿意花时间去了解一个留给他不美好第一印象的人。虽然第一印象也不完全准确，但它总会在决策时，在人的情感因素中起主导作用。所以，无论是在生活中还是在职场中，任何人都逃不掉也躲不过第一印象的影响，不要心存侥幸，认为它与己无关。

第一印象

第一印象又被称为"首因效应"，是指最先的印象对他人的社会知觉产生较强的影响。其实，关于第一印象产生的时间，一直众说纷纭。早在1974年，人们普遍相信第一印象的形成需要4分钟的时间，随后很多心理学家通过实验告诉我们，在45秒、30秒、7秒、1秒，甚至0.1秒内，人们就已经产生了第一印象。

第一印象是由多方面组成的：其中，55%是来自外表，包括衣着、面容、发型等；38%是来自于仪态，包括面部表情、行为动作和举手投足之间表现的气质；而只有7%的内容来源于简单的交谈，也就是语言。

有人说，我们永远没有第二次机会去改变一个人的第一印象，因为第一印象产生之后是很难改变的。虽然这句话让人觉得有些夸张，但也证明了第一印象的重要性。人们会通过第一印象判断一个人的文化水平、是否专业、是否值得信赖，所以在职场中，正面的、积极的、良好的第一印象将有助于获得职业发展机会；负面的、消极的、模糊的第一印象，则可能会为职业发展带来阻力。

印象管理

印象管理是个体以一定的方式影响他人对自己的印象，即个体通过自我印象的控制影响他人对自己印象的形成过程，使他人对自己的印象符合自我期待。第一印象的管理，可以从外表、仪态和语言三方面着手。

外表

外表在第一印象中占了一半以上的"风头"，所以在与人初次见面前，大家应该做好心理准备，抽出几分钟时间认真思考一下，我们希望给对方留下什么样的印象，自己到底想获得什么样的效果，再决定当天的着装和形象。因为不同的外表给人留下的印象将完全不同。

仪态

美国沟通技巧培训公司 ARTiculate Real & Clear 的 CEO 希拉里·布莱尔曾说过，垂手而立说

 职场礼仪

明我们的热情问候是真诚的,背后没有什么不可告人的目的,也不需要进行自我保护。因此,在初次见面时,手上最好不要拿东西,双臂自然地垂在身体两侧,不要手插口袋或交叉抱胸,调整好自己的体态,面部保持自信、积极的神态。

语言

语言虽然在第一印象中占的比例并不是很大,但在后面的印象管理中,却起到了力挽狂澜的关键作用。在与人打招呼时,应真诚、亲切、大方,多用敬语、谦语和雅语,声音适中,语调平和,避免说话含糊不清。

关于印象管理,《魅力》一书作者、魅力与领导能力专业培训师奥利维亚·福克斯·卡巴恩提出了一个"刻意模仿"的原则:当人们的服饰、外貌、举止和言语都相似时,会自然地推论彼此拥有共同的社会背景、教育程度和价值观,就比较容易拉近距离。也就是说,如果我们想要快速地给人留下亲近、可信的印象,模仿对方是最简单的方法。

以礼入职

礼仪在职场中如此重要,是因为礼仪具有塑造个人形象、传递沟通信息和维护企业形象三大功能。

塑造个人形象

塑造良好的个人形象是礼仪的第一职能。一个人只有真正意识到个人形象与修养的重要性,才能体会职业形象给自己带来的机遇有多大。根据美国某调查机构曾对美国财富排行榜前300位中的100人进行的调查,97%的人认为,如果一个人具有非常有魅力的外表,那么他在公司里会有很多升迁的机会。

传递沟通信息

礼仪也是一种沟通的工具。例如,与人会面时,握手的力度传递了对对方的重视程度;遇见领导和同事时,如何称呼对方、用什么方式打招呼则传递了双方的地位和熟悉程度。礼仪的信息性很强,每一种礼仪行为均可以传递一种甚至多种信息。

维护企业形象

微软公司联合创始人比尔·盖茨曾说过,企业的竞争,就是员工素质的竞争。因为在职场中,个人代表了集体,个人形象代表了企业形象,甚至是国家形象。

在职场中,从穿衣、化妆、走路、吃饭等个人活动,到握手、宴请、接待、面试等社会活动,都涉及礼仪的常识与门道。懂得礼仪,既可以让自己变得更优秀,也会大大提高沟通和工作效率,帮助企业变得更好。所以,要把握好关键的第一印象,注重礼仪,做到以礼入职。

小贴士

- 美好的第一印象是成功的第一步。
- 职业形象会影响个人事业发展。
- 优秀的职场人应该是"颜值"和"言值"双担当。

任务达标

扫描下方二维码,观看慕课视频,完成测试。

慕课"职业形象的重要性"

测试

思考:如果已经给对方留下了糟糕的第一印象,在后面的交往中,要如何补救呢?

笔者分享

严谨守时的德国人

德国人以严谨出名,在绝大多数情况下,德国人遵守公共秩序,注重工作效率,对工作严肃认真,思考深刻敏锐。在谈判时,德国人态度明朗,喜欢使用商业名片。德国人并不喜欢听恭维话,不愿浪费时间,所以与德国人做生意应先熟悉问题,并单刀直入。

在关于时间观念的讨论中,人们对德国人的印象是从不迟到,守时观念极强。但很多人只知其一,却不知其二和其三。

在德国,迟到是一件很不礼貌的事情,但很多人并不知道,其实早到同样也是不礼貌的。例如,德国朋友请你晚上8点到家里吃饭,如果你提前到了,最好不要直接敲门,因为德国人的计划性很强,早到反而会破坏他们原本的安排,让他们"手忙脚乱",所以很多人会在外面溜达一下,等8点整再敲门。在中国,我们很习惯提前送出生日祝福;但在德国,提前庆祝生日被认为会带来厄运,所以千万不要提前祝福或者送上生日礼物。德国有句谚语:"Du sollst den Tag nicht vor dem Abend loben"(夜晚未到,莫赞白日),意思是不要高兴得太早,也许到时候未必如此。所以德国人的守时不仅仅指不能迟到,早到也是不行的。

对德国人的守时其实还有第三种理解,那就是德国人的"一刻钟"概念。例如,我的大学课表写的是8:00上课,但其实课程8:15才正式开始;平时和朋友约会时,只要在约定时间的15分钟内到达,都是可以被接受的。

曾几何时,德国人的守时是他们引以为傲的一部分。在德国,所有的公交车站都贴有公交车到达时刻表,标注了每一路车每天到达该站的时间,精确到几点几分。但随着德国的公交车晚点、火车晚点等问题越来越普遍和严重,连德国人自己都开始吐槽他们的时间观念了。

模块二 ❷ 职业形象礼仪

礼仪之始，在于正容体、齐颜色、顺辞令。
——《礼记·冠义》

礼仪迷思

近年来，越来越多的朋友和学员向媛媛老师表示，在自我形象塑造和管理方面有着不少的困惑：在职场中一定要穿职业装吗？女士一定要化妆吗？职场中什么样的服饰和妆容能够突出个人特点？如何购买职业装？如何选择护肤品或化妆品？其实关于着装与化妆，具体的场景很关键。但无论如何，我们会更信任穿着比较严谨、妆容更加得体的员工。尤其在正式的商务活动中，着装正式且讲究的人也会获得更多的尊敬。如果明白了这个道理，相信大家已经离"成功塑造个人职业形象"更近了！

03 着装，成功形象的启程

> 一个人的穿着打扮是他自身教养最形象的说明。
> ——威廉·莎士比亚

着装是一门艺术。在职场中，一个人的着装体现了他的文化修养，反映了他的审美趣味。穿着得体可以给人留下良好的印象，提高与人交往的能力，赢得他人的信赖。成功的着装需要遵循一些原则，它既要讲究又要协调，同时也要注意不同的时间、场合、目的与身份的变化。

讲究原则

很多人将讲究二字与物质紧紧联系在一起，觉得只有昂贵的衣服才能彰显品质和精致，其实不然。

所谓的着装讲究，指的不是衣服的高档华贵，而是穿着得干净整洁、大方得体。这就要求我们，要注重细节，将态度藏于细节并显于细节。例如，在出门前，我们应该检查衣服有无污渍、有无褶皱，衬衣领口和袖口是否白净，皮鞋有无灰尘，袜子有无破损等。

着装的讲究远比时髦更重要，这也是为什么很多经典的衣服款式百看不厌的原因。无论男女，无关年龄和职业，讲究的人总是更受人欢迎。

协调原则

着装的协调是指一个人的服饰要与他的年龄、体形等吻合，也要懂得色彩的搭配，以展现出一种和谐的美感。职场着装从来不求最漂亮，但求最得体；不求最时尚，但求最和谐。

年龄

着装的礼仪包含了对年龄的考量，不同年龄的人有不同的穿着要求。年轻人可以穿着鲜艳、活泼的服装，体现出朝气蓬勃的青春之美；中年人的着装则要注意庄重、雅致，体现出成熟稳重的智慧之美。

体形

在协调原则中，让大部分人感到痛苦的应该是与体形的协调。很多时候喜欢的衣服不一定适合自己，只有理性地选择适合自己体形的服装才会为自己增色。

色彩

在着装协调原则里，色彩协调同样很重要。色彩是影响服装观感的重要因素，它有极强的吸

职场礼仪

引力，服装的颜色甚至可以改变一个人在他人眼中的印象。浅色调和艳丽的色彩有前进感和扩张感，深色调和灰暗的色彩有后退感和收缩感。在服装搭配中恰到好处地运用色彩，可以修正自身的不足，突出个人优点。例如，皮肤色调较深的人适合穿茶褐色系、浅色调的服装，最好不要选择蓝色或者紫色的衣服，因为它会让脸色显得暗淡。

职业着装的主题色要控制在三种以内，最好是两种。黑、白、灰是配色中的"安全"色，给人平和、稳重、可靠的感觉。在搭配时，建议选择纯色搭纯色，纯色搭杂色，纯色搭条纹，纯色搭格子；不建议杂色、条纹和格子之间混搭。

T.P.O.R. 原则

职业着装还有一个最重要的 T.P.O.R. 原则。

T 原则

T 是 Time，代表时间、季节，即要根据时间、季节选择着装。例如，我们不应该在夏天穿冬装，在冬天穿夏装；白天的穿着要点是庄重、自然、高雅，而晚上个人活动时则可以穿得时尚而有个性。

P 原则

P 是 Place，代表场合、地点，即要根据不同的场合来进行着装。比如公务场合、休闲场合和社交场合的服饰是不同的，我们不能穿着休闲服去参加商务谈判，也不要穿着晚礼服去运动。

O 原则

O 是 Object，代表目的、对象，即要根据社交目的和对象决定着装。我们如果希望给对方留下成熟稳重的印象，则应该选择穿深色职业套装；如果希望给人活泼可爱的感觉，例如在晚宴中，则可以选择色彩明亮的短款礼服而不是深色的长款礼服。

R 原则

R 是 Role，代表角色，即职业着装要根据所在公司的企业文化和自己的职业角色进行搭配。选择与公司文化相协调，与自身角色相符合的服饰，是职业着装的一个"高阶"原则。不符合自己角色的着装，是不具有专业度与说服力的。

另外，R 原则中还需要注意，如果今天你是主角，则着装只要不违背礼仪尺度就可以；如果你是主宾，则穿着的尺度应以投主人所好为原则；如果你只是配角（来宾之一），千万不要穿得比主人或主宾隆重华贵。当穿着的尺度不符合你所扮演的角色时，无论穿得多华丽、多好看，都会让人觉得你不懂礼貌。

在职场中，很多成功人士已经体验到得体的穿着给他们带来的帮助。相对来说，越到高层，穿着驾驭能力越强，穿衣自由度也越高。因为他们有着高度的自尊、乐观而进取的积极态度和成熟的人生观，时刻都能展现出有潜力、可依靠、值得信任的形象。而形象不仅仅体现了审美，更是一种人生态度。

模块二　职业形象礼仪

小贴士

- 不管是在生活中还是在职场中，穿衣打扮都应讲究、得体，注重细节，随时保持干净整齐。
- 着装时，要考虑与自己的体形相协调，衣服的主题色不要超过三种。
- 职业形象的塑造需要符合自身所扮演的"角色"。

任务达标

扫描下方二维码，观看慕课视频，完成测试。

慕课"职业着装基本原则"　　　　测试

思考：在职场中，如何看待和理解"以貌取人"的现象？

04 如何穿出男士的机遇

> 衣服不利索是精神萎靡的表现。
> ——米格尔·德·塞万提斯·萨维德拉

说到男士着装，我们首先会想到什么呢？在任何重要的场合，男士服装的首选都是以西装为主。西装常常被人们打上"有文化、有教养、有绅士风度"等标签。男士西装是一种国际性服装，它拥有深厚的文化内涵。一套合体的西装，可以使人显得潇洒、精神、风度翩翩。所以，每个人都应该学习如何正确地选择和穿着西装。

西装

按照国际惯例，参加正式、隆重的商务活动及宴会或欣赏高雅的文艺演出时，都应该穿西装。西装一般分为两件套西装（西服和西裤）和三件套西装（西服、西裤和马甲），如图2-1所示。

图 2-1 男士西装

西装合身的标准

穿西装一定要合身，不合身的西装会显得人很不精神，也不够职业感。合身的西装应具备以下七个标准。

衣长：以衣服下摆能遮住臀部的三分之二为佳。
袖长：手自然垂下，以长出手腕处 1~2cm 为佳。
肩宽：手自然垂下，西装的肩线正好延伸至腋下。
胸部：无论正面还是侧面，扣上扣子以后都要线条自然，不能有褶皱。
马甲：扣上扣子以后刚好合身，服帖不紧绷。

裤长：以裤脚接触到脚背为宜。即前裤脚稍微遮盖鞋面，后裤脚到皮鞋后帮的一半为佳。

腰臀：在自然站立的状态下，向后拉直裤腰，有2~3cm的空余为宜。

西装面料和颜色的选择

西装的主要特点是外观挺括、线条流畅，因此对面料的要求也比较高。尽量选择纯毛或含毛量高的毛涤织物作为面料，面料无图案或只有隐性细竖条纹为佳。

男士正式西装颜色以单色、冷色系为宜，不同颜色的西装适合不同的场合，首选深色西装。

藏青色：代表尊贵、庄重、权威，适合正式商务场合。

黑色：代表严谨、神秘，适合在各种仪式上穿着。

深灰色：代表优雅、高贵，适合日常工作或商务场合。

浅灰色：代表时尚、随和，适合日常工作、社交、聚会场合。

彩色：代表前卫、时尚，适合从事时尚工作或想突出个性的男性穿着。

西装口袋的要点

无论哪种西装，其口袋应不装或少装东西，不能看着鼓鼓囊囊的。西装的不同口袋发挥着不同的作用。

西装上衣胸部位置的口袋应用来放折叠好的装饰手帕（如图2-2所示），其他东西不宜装；两侧口袋只作装饰用，不宜装物品，以防西装变形；个别物品可以装在上衣内侧的口袋里，例如，钢笔、名片夹，但不宜放过厚的东西，以保持胸部的平整。裤子两边的口袋不宜装东西，以求裤型美观。

图2-2 男士西装的装饰手帕

西装扣子的系法

西装的扣子分为单排扣与双排扣两种。单排扣有一粒、两粒和三粒，双排扣有两粒、四粒和六粒。在职场中，使用比较多的是单排扣西装。

要注意的是，扣子的系法也是有讲究的。正式场合站立时，西装的扣子应按要求系上，坐下时再敞开。

单排三粒：系中间一粒或上面两粒。

单排两粒：系上不系下。

单排一粒：系与不系均可。

双排扣：除用作装饰的扣子，应全部系上。

职场礼仪

西装马甲的扣子有六粒与五粒之分。六粒扣的最底下的那粒可以不系，五粒扣的则要全部都系上。

衬衣

衬衣的质地有软质和硬质之分，穿着西装要搭配硬质衬衣。或者说，与西装配套的衬衣应为正装衬衣，不要用休闲衬衣搭配西装。

衬衣选择的要素

一般来讲，选择正装衬衣时，可以考虑三个基本因素。

面料：应以纯棉、纯毛或棉、毛混纺面料为主。

颜色：白色衬衣为职场男士的首选，蓝色、灰色、黑色、紫色也是不错的选择；杂色或者过于艳丽的衬衣颜色会有失庄重，不建议选择。

图案：衬衣以无图案为佳，带有细条纹或暗格子图案的也是不错的选择。

衬衣穿着的讲究

衬衣搭配西装时需要注意五个方面的小细节。

扣子：穿西装打领带时，衬衣的扣子必须全系上；如果不打领带，则不系衬衣领口的第一粒扣子。

袖长：手自然下垂时，袖长以到手腕为宜；曲臂时，衬衫的衣袖要露出西装外套袖口1～2cm，以显出层次。

领口：衬衣的领口要挺括，要比西装外套的领子高出1.5cm左右为佳。

搭配：白色的衬衫搭配深色的西装，有图案的衬衫搭配单色的西装，单色衬衫搭配条纹或带格西装都比较合适。

其他：正式场合下正装衬衫最好为长袖，短袖衬衫则具有休闲性质。穿着衬衫时，领口和袖口要干净，下摆要塞到裤子里面。衬衫内不宜再穿其他衣物，天冷时可以在衬衫外面穿一件西装背心或羊绒衫，以不显臃肿为度。

领带

领带是男士在正式场合下的必备之物，是男士穿着西装时最重要的装饰品，对西装起到画龙点睛的作用。所以，领带通常被称作"男子服饰的灵魂"。

领带选择的要点

领带的选择要注意以下六个方面。

面料：以真丝为最优。

质量：外形美观、平整、无挑丝、无疵点、无线头，悬垂挺括，较为厚重。

款式：领带的款式主要有宽窄之分，选择时要注意与身型、脸型的搭配。身材高大的男士可选择宽一些的领带，身材瘦小的男士选择窄一些的领带更适合。

颜色：单色中，蓝、灰、棕、黑、紫色都是较理想的选择。多色的则不应多于三种颜色，而且尽量不要选择太浅或太艳的颜色。

图案：在正式场合，建议选择纯素色、深色暗织纹或条纹图案的领带，而且越是简单的款式越经典。

搭配：在选择领带时，还需要注意领带与衬衫、西装之间的和谐。如果衬衫是白色，西装是深色，领带可以选比较明快的颜色；如果衬衫是白色，西装的颜色朴实淡雅，领带就可以选华丽一些的。西装、衬衣和领带的花纹不能重复，如果西装或衬衫上有条纹或格子，领带上就不要有条纹与格子。

领带的基础系法

领带打得漂亮与否，关键在于领带结打得如何。领带结的基本要求是挺括、端正，并且在外观上呈倒三角形。领带结的具体大小，最好与衬衣衣领的大小成正比。

领带系好后，应认真整理，使之规范、定型。需要注意的是，宽的一片应略长于窄的一片，长度以领带自然下垂时最下端到皮带扣处为最佳，过长或过短都不太合适。

领带的保养

领带使用完后，应立即解开领结，并轻轻从结口解下，因为用力拉扯表布及内衬极易使得纤维断裂，并造成永久性的褶皱。处理结口褶皱，应以蒸汽熨斗低温烫平，水洗及高温熨烫容易造成领带变形而受损。同一条领带戴完一次，应隔几天再戴。存放时，应将领带对折平放或用领带架挂起，并留意置放处是否平滑，以避免刮伤领带。开车系上安全带时，勿将领带绑于安全带内，以避免产生褶皱。

如果领带沾染了污垢，应立即干洗。

配饰

男士西装的主要配饰有皮带、皮鞋和袜子，此外还可以搭配手表、领带夹和公文包等。穿西装时，对所搭配饰也要特别讲究。

皮带

一般来说，深色西装可配深色皮带，浅色西装则与深色或浅色的皮带搭配。在正式的商务场合中，黑色皮带是首选，也建议是唯一选择；平时上班则可以选择黑色以外的棕色。皮带的长度要适中，不能太长或太短。

皮鞋

黑色皮鞋是"万能鞋"，它能搭配任何一种深色西装，也是正式场合的最佳选择。但需要注意的是黑色漆皮鞋因为表面光亮紧固，更适合搭配礼服。棕色皮鞋上班穿也是不错的选择，尤其是搭配棕色腰带和浅色西装。

袜子

穿整套西装时，一定要穿与西裤、皮鞋颜色相同或较深的袜子，如黑色、深蓝色或藏青色，绝对不能穿花袜子或白色袜子。男式袜子的质地一般以棉为宜，建议长度高及小腿部位，否则坐

 职场礼仪

下后露出皮肤会不雅观。

手表

对于男士而言,手表是最具实用性的装饰物。手表可以体现出一个人的身份和品位。金属表带的手表会更商务一些,皮带的手表更休闲一些。需要注意的是,金属表带应该和皮带扣、领带夹的颜色一致,皮表带则应和皮带、皮鞋的颜色一致。如果有公文包,其颜色也应该尽量和身上其他的皮具颜色保持一致。这就是我们说的"三一定律"。

小贴士

- 合体的西装外套口诀为肩宽一指,腰身一拳,衣长到臀部,袖长到手腕。
- 男士最安全的商务着装搭配=深色西装+白衬衣+素色/条纹领带+黑皮鞋+黑腰带+深色袜子。
- 坐下时解开西装的扣子,不仅是风度,更是对西装板型的保护。

任务达标

扫描下方二维码,观看慕课视频,完成测试。

慕课"男士商务着装"

测试

思考:常言道"人靠衣装,马靠鞍",如何穿出自己的职场机遇?

05 职场女性穿衣"变身记"

> 外表的整洁和文雅应当是内心纯洁和美丽的表现。
> ——维萨里昂·格里戈里耶维奇·别林斯基

对于现代女性来说,穿衣不仅仅是为了好看,尤其在职场中,服装不仅是布料、花色和缝线的组合,更是一种表达方式和社会工具。着装可以表达女性的身份与品位、智慧与分寸。所以,职场女性的着装必须要更具道德魅力、审美魅力、知识魅力及行为规范魅力,使服装无形中为协调人际关系、提高工作效率、增加升迁机会起到良好的作用。

职业女装中的经典

每当遇到职场女性不知道如何穿搭时,我们就会建议准备一些经典的套装和单品。

经典一:职业套装

女性职业套装的经典款式仍然是套裙。有时把西装裙换成西装裤,也是一种职业干练的体现,如图 2-3 所示。

图 2-3 女士职业套装

如果是在正式的场合,与男士西装一样,首选单色、深色的套装,这样会显得比较威严。当然,也可以在深色套装中添加一些元素,通过色彩搭配起到画龙点睛的作用。

针对刚刚进入职场的年轻女性,推荐选择浅色的套装,如米色、浅蓝色,既不显老气,也不失稳重。

职场礼仪

如果是商务休闲场合或者平时工作中，选择带有条纹、波点、格子图案的套装也是可以的。

女性的服装搭配相对男性变化更多，所以职业套装中的小西装、裙子、裤子都可以作为经典单品来选择和搭配。

经典二：衬衣

女士衬衣不论是单穿，还是为套装打底，在职场穿搭中都是不错的选择。

比较正式的场合，我们可以选择单色、款式简单的衬衣。白衬衫绝对是职场的万能单品，只要合身，立刻会让我们拥有利索与干练感。此外，米色、蓝色、灰色的衬衣也都是不错的选择，要避免过于艳丽的颜色和花色。

如果是平时上班，可以选择有些设计感的衬衣，例如，荷叶边、小灯笼袖的衬衣，或者小V领、小圆领、丝带领口的衬衣等。

关于材质的选择，传统观念是以纯棉为主，但纯棉材质容易褶皱，有时视觉效果也不理想。所以也推荐大家尝试更有质感的丝绸、醋酸面料，或不怕褶皱的雪纺面料。

经典三：连衣裙

连衣裙集简约优雅于一体，其中最为推荐的就是直身连衣裙。连衣裙可以是无袖的，也可以是短袖的，同样不要有过多的装饰。

黑色连衣裙很适合单穿，是时尚界经久不衰的单品。参加商务宴请时，只要穿上高跟鞋，搭配好饰品，就可以立马出发。

如果想和西装小外套搭配，则可选择灰色连衣裙。因为它与黑色、白色或者其他颜色的外套都很搭配，在正式的商务场合和日常办公中都很适用。

经典四：大衣

随着天气的变化，一件款式简单、经典的大衣外套也是职业女性必需的单品。大衣搭配西装、衬衣、高领毛衣都不会错。

在选择大衣时，色彩同样非常关键。职业环境讲究低调沉稳，大衣的颜色要和环境相搭配，以单色、饱和度和明度都较低为宜。除了黑色外，低调的藏青色、经典的卡其色、温暖的驼色、高级的灰色、温柔的酒红色、清爽的蓝色，这些都是职场中大衣色彩的优选。

经典五：丝巾

英国著名演员奥黛丽·赫本曾经说过："当我戴上丝巾的时候，我从没有那样明确地感受到我是一个女人，美丽的女人。"可见丝巾所赋予她的安全感和自信。

丝巾的选择要注意与衣服的协调搭配，例如，色彩鲜艳的丝巾可配素色衣服，而素色丝巾则更适合搭配艳丽的服装。大多数人在职场上会以深色着装凸显职业感，所以建议搭配色彩明亮的丝巾来拯救沉闷感。

在材质方面，最重要的就是要轻薄、柔软和亲肤。在款式方面，我们可以选择小方巾、大方巾和长丝巾。

小方巾：可以和衬衫、西装、风衣等单品进行搭配。搭配西装时，小方巾小巧精致，可以给人优雅的感觉，增加穿搭的细节感。

大方巾：尺寸适用于各个领域，系法百变多样，可以与衬衣、毛衣、风衣、大衣等搭配。

长丝巾：长丝巾的作用就是轻松打造飘逸感，长丝巾与衬衫搭配可以显得人特别淑女。颜色、花纹、款式比较跳跃的长丝巾作为头饰也是不错的选择。

经典六：高跟鞋

一双得体的鞋子能为全身的服装添色增辉。它不仅能映衬出服装的整体美，更重要的是它还能展现出人体本身的挺拔俊美。对于职业女性来说，最百搭的鞋子就是黑色和裸色的高跟鞋。在正式的商务场合，不适合穿露脚趾、露脚跟的鞋子，旅游鞋、布鞋更是禁忌。

高跟鞋的款式比较多，整体来说，尖头鞋要比圆头鞋更增加气场。有些人会觉得高跟鞋一定要高，但其实不然，如果穿了高跟鞋，连路都不会走了，那就失去了鞋子本身的意义。所以如果想选择一双舒适的高跟鞋，鞋跟在 3～5cm 为宜。

越来越多的职场女性在上班时会选择平底皮鞋搭配职业裙装和裤装，但我们还是建议大家在办公室放一双百搭、合脚的高跟鞋，以应变突发的正式场合。

饰品的选择技巧

除了高跟鞋和丝巾这类经典配饰，丝袜、手包、腕表、胸饰等饰品对职场女性也很重要。在选择时，应和着装者的身份、所处的场合相协调，这样才能与衣服相得益彰。

丝袜

在正式的商务场合中，女性穿着裙装时，丝袜是必备的配饰。一般情况下，推荐以肤色为主的连裤丝袜，给人以干净、舒服的感觉。但有些行业会把制服要求统一为黑色丝袜加黑色皮鞋，因为黑色更容易统一，而且遮瑕效果更好。切记，在职场中，不穿彩色的、带花纹的、镂空的、有破损的丝袜。女性应该随身多备一双丝袜，以便丝袜不小心被刮破后可以及时更换。

手包

手包是女士职业穿搭中不可或缺的一部分，建议选择简单、款式大方的手包。职业穿搭中手包的颜色建议选择黑色。如果觉得黑色太单一，也可以选择大象灰、米白、卡其、亚麻蓝等颜色，或者用小的单品丝巾系在包上来增加点缀，打破沉闷。

腕表

时间管理对于职场女性来说非常重要。虽然手机的使用，使人越来越不习惯佩戴腕表，但一款质地良好、款式简单、盘面干净的腕表，会让女性看起来更专业和自信。那些镶着各种水钻、表带颜色花哨的时尚腕表，则更适合搭配晚礼服。请记住，在正式的商务场合中，宁可不戴表，也不要佩戴卡通的或者五颜六色的腕表。

胸饰

胸饰或许并不是每个女性都会选择日常佩戴的饰品，但却是最能体现出职场女性高雅、庄重的饰品之一。胸饰多佩戴在左胸上方，尤其在参加宴会、招待会、大型庆典和具有特色纪念意义的活动时，会给人以正规、隆重之感。选佩胸饰时，要注意样式和衣服颜色的搭配。服装很夺目

 职场礼仪

时,胸饰宜朴实;反之,服装色彩单一时,宜选择鲜艳的胸饰。

饰品的佩戴原则

与男性配饰相比,女性的饰品要丰富很多,除前面提到的那些,还有生活中经常会佩戴的戒指、项链、耳环等。饰品虽然在整体着装中可以起到画龙点睛的作用,但佩戴时要讲究四个原则。

原则一:以少为佳,恰到好处。

佩戴饰品时讲究以少为佳,数量不要超过三件。浑身上下珠光宝气、挂满饰物,不但没有丝毫美感,还会给别人留下庸俗的印象。

原则二:搭配合理,尽显风采。

饰品的搭配要避免杂乱感,应考虑饰品之间的呼应和协调。例如,金属类的装饰讲究颜色一致或接近,如果佩戴了一条银色项链,那手包的金属配件最好也是银色。不同质地的饰品不要同时佩戴,例如,纯金项链、珍珠耳环和玉镯子的搭配会看起来不伦不类。

饰品的搭配还要注意与所处场合的协调。例如,在严肃的商务场合下,应选择款式简单、精致的项链、耳环、胸针等;但如果是参加商务宴会、酒会,则可以选择稍微夸张一些的手包、项链来搭配礼服,更显个人风采。

原则三:扬长避短,显优藏拙。

佩戴的饰品应该突出自己的优点,掩盖不足。例如,脖子短粗的人,不宜佩戴紧贴着脖子的项链,而应选择细长的项链,从视觉上把脖子拉长;个子不高的人,不宜佩戴长围巾,否则会显得更加矮小;脸圆的人,更适合佩戴长吊坠的耳环。

原则四:突出个性,不盲目模仿。

佩戴饰品也是一个人个性的反映。经济学上有一个名词叫羊群效应,是说在一个集体里面,人们往往会盲目从众,在集体的运动中会丧失独立的判断。在服饰搭配时,我们往往会受到潮流的影响,但盲目跟风的效果很可能会适得其反。流行的不一定真的适合自己,一味地跟风、攀比,不仅对身心健康不利,也让自己的钱包越来越扁。

女性的职业着装,应充分考虑到企业文化,本人的职位、体态、脸型特征,以及各种商务环境的变化。职业着装并非一成不变,我们应该学会巧妙搭配,合理地运用色彩,使经典与时尚完美融合。记住:适合自己的才是最好的。

- 女性的职业着装,应体现自己的智慧与分寸,以端庄、稳重、简洁、得体、便于走动为主。
- 女士职业装最简单的色彩搭配技巧,就是选择黑色、藏青色或深灰色作为主色,再适当添加另外1~2种颜色。
- 丝巾、手包、项链等饰品点缀不可少,但要恰到好处,以少为佳。

任务达标

扫描下方二维码,观看慕课视频,完成测试。

慕课"女士商务着装"　　　　测试

思考:结合自己的个人特点,如何做到既能穿出专业,又能穿出风格?

06　护肤不将就

> 只有那些无法把自己充分沉浸在美中的人们，
> 才会鄙视美，把它看作一个感官的对象。
> ——拉宾德拉纳特·泰戈尔

护肤发展到今天已经成为一门学问：除了要懂得选择适合的护肤品，还要了解皮肤日常保养的基本方法，更要知道良好的生活习惯才是让我们容光焕发的法宝。对于男性来说，护肤虽然没有女性那么复杂，但也不能掉以轻心，因为皮肤状况也是衡量一个人是否健康的标准。好的肌肤可以提升一个人的整体职业形象。

影响肤质的因素

天生丽质的自然美总是让人羡慕不已。想要改善自己的肤质，或者让皮肤保持年轻的状态，首先要了解哪些因素会对皮肤产生影响。

年龄

随着年龄的增长，皮肤的新陈代谢会日趋缓慢，角质层也会渐渐堆积变厚，所以年龄是影响皮肤状况的重要因素之一。

环境

暴露在外的皮肤会长年累月地受到紫外线的照射，空气中飘浮的污物、尘埃、细菌等有害物质会刺激皮肤表面，影响肤质。

压力

生活压力可能导致暗疮、荨麻疹、脸色苍白和黑眼圈等问题，还可能导致面部肌肉紧张而产生永久皱纹。

有害物质

香烟、酒精和某些药物都可能导致肌肤变得敏感、干燥，甚至出现皱纹。

不恰当的保养方式

不恰当的保养方式，如用过烫的热水洗脸、过于用力揉搓皮肤、睡前不卸妆、清洁不到位、面膜敷太久等，都会破坏我们的肤质。

除了以上这些因素，还有人体荷尔蒙的变化、饮食习惯、睡眠时间等，都会影响皮肤的健康。

自然美的方法

并不是用了昂贵的护肤品，皮肤状况就一定很好。养成好的生活习惯才是护肤需要做的第一件事。

充足的睡眠

医学研究表明，睡眠习惯会直接影响到人的皮肤和身体的健康，因此要养成良好的睡眠习惯。晚上 11 点到凌晨 2 点是皮肤自我修复的高峰期，应该养成 11 点前睡觉的习惯。经常熬夜的人，面色会晦暗，容易出现黑眼圈。

适量的运动

坚持有规律的运动能让身体的毒素通过汗液的形式较快排出，可以促进血液循环和新陈代谢，刺激皮肤细胞的生长。运动还可以缓解压力，带来愉悦感。

必要的水分

水是生命之源，可以促进细胞新陈代谢，保持皮肤的弹性和光泽，延缓皮肤老化。

均衡的营养

食物不仅为身体提供各种维生素和矿物质，还和人们的健康紧密相关。如果营养失衡，就会出现贫血、失眠、便秘等问题，而任何化妆品都掩盖不了病容。因此，建议大家少吃油炸、辛辣、刺激的食物，多吃蔬菜，少喝碳酸饮品。

良好的心态

保持良好的心态是一个人维持年轻最好的保养品。微笑时，面部肌肉的运动可以使皮肤保持健康的状态。多和传递正能量的人接触，有助于保持积极的心态、提高自信。

皮肤类型与护肤品选择

皮肤分为中性、干性、油性、混合性和敏感性五类。只有正确地判断自己的皮肤类型，才能更好地选择适合自己的护肤品。

中性

最理想的皮肤类型是中性皮肤。其特点是皮肤的油脂和水分均衡，肤色均匀，毛孔细腻，皮肤整体光滑细腻有弹性。中性皮肤的保养主要是清洁、补水和防晒。应选用性质温和、滋润型的护肤品。

干性

干性皮肤的特点是缺水、缺油，皮肤薄，易生雀斑，多小皱纹，缺乏光泽与弹性。保养的方法是选择保湿能力强的洁面产品、保湿精华、滋润型乳液或乳霜。

油性

油性皮肤往往油脂分泌旺盛，毛孔粗大，易生粉刺、暗疮和黑头。保养时要注意细化毛孔，控油补水。选用清洁能力较强、含有控油成分的泡沫洁面乳，质地清爽、疏通毛孔、保湿控油的

职场礼仪

爽肤水和乳液。

混合性

混合性皮肤通常"T区"（即额头、鼻子周围）偏油，眼周和脸颊偏干或者偏中性。混合性皮肤的保养方法是使用低泡沫、温和的洗面奶洁面，使用清爽的爽肤水调节皮肤，并在不同的区域选择对应的护肤品。

敏感性

敏感性皮肤的特点是容易对化妆品、紫外线、海鲜、酒精等刺激产生不良反应，引起过敏。这类皮肤角质层薄，遇冷或遇热有红血丝，容易脱皮、起红疹。保养时应选用专门为敏感性皮肤设计的护肤品，减轻皮肤负担，帮助皮肤增强免疫力。

日常护肤的方法

想要拥有好的肌肤，一定要注重日常的皮肤护理，坚持护肤，正确护肤。

卸妆与清洁

洁面是皮肤护理的第一步，也是非常重要的一步。如果洁面不彻底或不正确，再好的护肤品也没有办法吸收，甚至会堵塞毛孔，导致各种肌肤问题出现。如果带妆，一定要先使用专业的产品卸妆后再清洁面部，因为一般的洁面产品是不能把脸上的化妆品完全清洁干净的。

补水与保湿

皮肤清洁后应立刻进行补水和保湿。补水要选择液状、稀薄的产品，容易吸收；保湿则应选择凝胶状、浓稠的产品，帮助滋润。日常护理可以使用化妆水、面膜、精华液、乳液或面霜等护肤品来进行补水和保湿：化妆水和面膜可以帮助肌肤补充水分；精华液的分子结构小，浓度高，可以给肌肤更深层的保护与修护；乳液或面霜可以锁住吸收的水分，滋润和营养肌肤。

隔离与防晒

日常生活避免不了空气污染和风吹日晒，所以隔离和防晒是皮肤护理中非常重要的环节。隔离霜能隔离紫外线、彩妆、脏空气等；而防晒不仅仅是防晒黑，更主要的是防止皮肤受损。当皮肤过度暴晒后，紫外线会损伤表皮细胞，加快色素合成，破坏皮肤的保湿功能，使真皮层中的弹力纤维受损。

男性护肤的误区

很多男性朋友觉得护肤只是女性的事情，这其实存在一定的误区。

误区一：每天用香皂就可以了。

香皂并不是最佳的洁面选择，因为经常使用香皂会影响皮肤的酸碱度。当皮肤感到干燥或紧绷时，皮脂腺便会分泌大量的油脂，使面部的出油情况更严重。

误区二：暗疮可以自生自灭或是用手挤掉。

暗疮是因为灰尘、死皮堆积在毛孔中，使皮脂无法正常排出，从而导致皮肤被细菌感染而形成的。如果用手去挤粉刺或是不进行任何皮肤护理，就会使暗疮越藏越深，甚至留下凹凸不平的疤痕。所以，洁面作为基本的皮肤护理步骤，其作用是不容忽视的。

误区三：饮食起居与护肤无关。

不良的饮食习惯，如经常吃油腻、辛辣、刺激的食物，会使皮肤缺乏光泽，看上去不够健康。因此，要多吃清淡的食物，少抽烟。

误区四：防晒只是女士关心的话题。

紫外线对皮肤的破坏力很强，防晒是为了防止皮肤晒伤和老化，所以防晒不分男女，应该是每个人都要关心的事。

如今市场上男性护肤品也越来越多，建议男士也要坚持做好基础护肤，完成清洁→润肤→防晒三个步骤。

护肤时还要注意脸部以外的颈部、手部、脚部等的保养。例如，每天进行面部护理时，也不要忘记做颈部护理；洗手后涂抹护手霜；沐浴后对身体肌肤，特别是肘关节、膝关节、脚部等部位的皮肤进行护理。每个人都是无法复制的个体，适合自己的护肤方法需要用心去寻找。但无论如何，做到护肤不将就。

小贴士

- 无论男性还是女性，都应该进行皮肤的护理。
- 皮肤可以通过充足的睡眠、健康的饮食和适当的锻炼进行保养。
- 心理健康，为人豁达，胸襟开阔也能使容颜保留一种年轻的活力美。

任务达标

扫描下方二维码，观看慕课视频，完成测试。

慕课"护肤"　　　测试

思考："芳华容颜终会老，唯有气质藏人心。"如何成为一个又有颜值又有气质的人？

07 职场"易容术"

> 只有把美的形貌与美的德行结合起来,美才会放射出真正的光辉。
> ——弗朗西斯·培根

每个人对于美的渴望是与生俱来的,但对于美的观念,却有着不同的看法。在职场中,化妆不是为了漂亮或帅气,而是通过"妆而不露、化而不觉"的职业妆容,突出"自然"之美,提升整体形象。

化妆的要点

化妆要考虑自己的肤色

商务人士的妆容要以统一、和谐、自然为准则,化妆给人文明、整洁、优雅的印象。化妆时不要明显改变肤色,尽量与自身肤色恰当结合,才能显得自然协调。

化妆要考虑自己的脸型

脸型与容貌的关系十分密切,在人的整体形象中占据重要的位置,是五官表现的基础,所以用化妆修饰脸型可改变人的气质。例如,脸宽者,描眉、画眼、抹腮红都尽量集中在面部中间,以从视觉上收拢、缩小面部;而脸窄者,则可适当放宽。

化妆要考虑颜色的协调

化妆时,一定要考虑妆容与服饰颜色的协调。例如,口红及眼影色彩的选择,可以在服装的花色中选择一个颜色与其搭配;同时,也需要考虑各类化妆品,如粉底、眼影、腮红、口红之间的颜色协调。

化妆要考虑季节的变化

一年四季,自然界的色彩也随之变化,化妆应根据季节的转变而有所区别,应与自然界的色彩相协调。夏季出汗多,多穿着浅色服装,宜化淡妆;冬季万物凋零,人们喜欢穿深色服装,妆容的颜色也可以稍深一些;春、秋季多穿着柔色服装,恰当的妆容则可显春华秋实。

化妆要考虑具体的场合

化妆还应根据不同场合、环境而有所区别。平时上班,适合化淡妆,妆容要求素雅、简约;参加晚宴,妆容则应稍浓一些,因为夜色朦胧、光线幽暗,妆容要亮丽才易于搭配服饰,凸显个人特点;参加户外运动或是团建活动,妆容则应清爽、自然。

化妆的流程

化妆的方法有很多，每个化妆师都有自己的风格和技巧。但通常情况下，完整的化妆流程是底妆→眉毛→眼妆→腮红→唇部，必要时还需进行修容与补妆。化妆前应先完成基础的皮肤护理，有助于妆面更加干净、服帖。

底妆

肤色的修饰主要是通过涂抹粉底来完成，所以底妆的关键在于粉底。建议选择延展性好、粉质细腻、不结团、颜色与肤色接近的粉底。

涂抹时，用潮湿的海绵粉扑蘸取粉底，用拍打、按压的方式轻轻抹于脸部，粉底的涂抹要薄、透。注意细节部位，如上下眼睑、鼻翼、耳部、颈部，都应均匀涂抹粉底。

如果脸上的斑痕、痘印、黑眼圈比较明显，涂完粉底可以再用遮瑕膏进行局部遮盖与修饰。最后使用定妆粉按照"T区"、鼻翼、脸颊的顺序轻轻按压全脸，用大粉刷刷去多余的粉末，使整个妆容更均匀、持久。

眉毛

无论是男士还是女士，眉毛在五官中都非常重要，眉型对脸部结构的平衡起到极大的作用。如果眉毛比较杂乱，还需要先修剪眉毛再画眉。眉笔要选择与自身发色、瞳孔接近的颜色，与肤色、整体的妆色协调。

画眉时先确定眉头、眉峰、眉尾的位置：眉头一般与内眼角在同一直线上，如果两眼眉头距离过近，会产生眉头紧蹙不够明朗的感觉；眉峰的位置一般在鼻翼与眼球外侧的延长线上；眉尾在鼻翼与外眼角连线的延长线上。画眉时应注意，眉尾一定不能低于眉头，不然就会变成无精打采的八字眉。

要画出自然的眉形可以先从眉腰处着手，如果眉毛稀疏或者有缺口，可模仿毛发的生长画出细细的线条。从眉峰到眉尾向外描画，眉尾走向略向斜下方，眉头可以不画或者微微向上描画。一般眉头的颜色最淡，眉峰的颜色最深，眉尾最细。

眼妆

整套的眼妆需要完成涂眼影→画眼线→涂睫毛膏三个步骤的修饰。

涂眼影：眼影可以加强眼部立体效果，修饰眼形，衬托眼部神采。眼影色彩丰富，品种多样，可以搭配服饰和场合选择，例如，日常妆可以首选大地色系。涂抹时，需要在眼周进行包围式晕染：先用浅色眼影涂至上眼皮眼窝处作为打底，再用略深一号的颜色涂抹至双眼皮褶皱范围内并反复晕染过渡，最后用亮色涂在双眼皮上方边缘和眉弓骨处。注意眼尾的颜色要比其他地方更深一些，下眼影涂于下眼睑后三分之一处，并与上眼影衔接自然。

画眼线：眼线可以增强眼神光，有放大眼睛的效果。一般来说，眼线的画法要遵循自然原则，不宜画得过粗、过长。画眼线时，用一只手提拉上眼皮，另一只手从内向外紧贴上睫毛根部开始描画，内眼角处细，外眼角处粗。眼线的长度和宽度要根据具体妆型确定，职业妆的眼尾可微微上扬并拉长。眼线的线条要求柔美利落，如果线条不是很流畅，可以用棉签来回晕染，使之看起来更自然。

职场礼仪

涂睫毛膏：卷翘的睫毛使眼睛更有神采，涂睫毛膏之前，先用睫毛夹夹一下睫毛，遵循"先根部，再中部，后末梢"的次序，分三次夹卷睫毛，边夹边轻轻向上提拉。涂抹睫毛膏时，要根根分明，从睫毛根部往上刷，同时以"Z"字形往上提拉，手一定要稳，一次不要涂太多，可以先薄涂，等干后再涂一遍。

腮红

红润光泽的面颊是自古以来人们衡量貌美的重要标志之一，直接影响着人们的视觉感受。腮红可以强化面部立体结构，美化肌肤，使人看上去更加有神采。常用的腮红颜色有红色系、粉色系和橘色系：红色系适合大部分肤色的人，粉色系适合肤色偏白的人，橘色系适合肤色偏黄的人。腮红要打在颧骨或笑肌处，由内向外，往脸缘、耳朵方向少量多次斜刷，晕染出自然的红润感。

根据脸型，腮红的位置和形状也会有相应的变化。如果要让脸型看起来修长，就从颧骨向斜上方晕染；如果要营造出可爱的感觉，就可以把腮红打得稍微偏圆一些。

唇部

嘴唇和眼睛一样，是脸部表现美感最重要的部位，具有丰富的表情色彩。唇部的修饰可使用不同颜色或质感的口红，营造出不同的视觉效果与风格。我们建议在正式场合尽量使用哑光口红。

涂抹口红时，可以选择性的使用粉底、润唇膏先打底，用唇刷或直接将口红轻而薄地涂抹到唇部，抿一下嘴可以让唇色分布自然，然后再用棉签轻轻地推开口红，修正唇部边缘。

修容与补妆

完成整体妆面后，应再检查一下妆容的整体效果。主要是细看妆型、妆色的搭配是否协调，整体和局部是否对称和准确，各局部颜色的晕染是否均匀，妆容与服饰、发型是否协调等。

一个妆容一般可以保持四个小时。当脱妆明显时，应及时进行补妆修容，主要修补底妆和唇妆。最基础的补妆是用粉底从最易出油的部位开始修补，再涂上口红即可。补妆时应选择在洗手间或者足够私密的地方进行。

整体仪容修饰

一个人的仪容不仅包括面容和妆容，也包含头发、手部以及裸露在外的脚部等。在人际交往中，每个人的仪容都会引起交往对象的特别关注，美好的仪容会给人以健康自然、鲜明和谐、富有个性的深刻印象。

头发

商务场合中，发型应保持干净整洁。发型的选择应考虑自己的脸型、身高、职业、气质等因素。一般认为，男士前面的头发不要遮住眉毛，侧面的头发不要盖住耳朵，不要留过厚或者过长的鬓角，后面的头发不要长过西装衬衣的领口；女士在发型的选择上以简约、美观、大方为原则，发卡、发带的样式应庄重大方，在正式场合最好束发。

手部

手部可以说是商务人士的"第二张脸"。不论是握手寒暄、名片交换、文件递送、献茶敬酒，还是垂手而立、置于桌上，手部都处于醒目的位置。商务人士的双手应当保持干净、卫生、雅观，要勤洗手，善保养。男士不留长指甲，女士不涂艳丽的指甲。

口腔

在职场中，应保持个人口腔卫生，少吃容易产生异味的食物，必要时可含茶叶或嚼口香糖以清除口腔异味。吃完饭后，最好刷牙，如条件不允许则应至少漱口，并检查牙齿上是否有残留异物。

毛发

男士要特别注意鼻毛的修剪，保持鼻腔清洁。女士可以定期清理腋毛，在正式场合不穿暴露腋窝的衣服。

香水

在职场中，无论男性还是女性，都避免使用味道过于浓烈的香水。一般来说，可以把香水喷在离脉搏跳动比较近的地方，如手腕、耳根、颈侧等处。

职场"易容术"并不是要描化一张漂亮的脸，而是要通过妆容修饰，让自己更加自信大方。除了要掌握基础的化妆技巧外，我们还要懂得发现自身的闪光点，扬长避短，将形式美与内在美相融合，这才是职业妆容的最高境界。

- 维持妆容的最佳状态也是一种职业礼貌。
- 素面朝天和浓妆艳抹都不适合大部分的职场环境。最美的样子应该是做到"妆而不露、化而不觉"。
- 当众化妆或整理服装、头发是一种不够专心、不尊重他人的表现。

任务达标

扫描下方二维码，观看慕课视频，完成测试。

慕课"职业妆容"　　　　测试

思考：如何描化出一个能突出自身优点的职业妆？

笔者分享

职场中的 PIE 原则

每个人对职业形象塑造的看法不一。有的人会质疑职业形象的重要性；有的人对自身形象不满意，但也不愿意尝试改变，或者是找不到合适的形象塑造方式；还有的人不管在什么场合，都能够很好地进行自我包装和自我展示。

其实在职场中有个 PIE 原则，指的是一个人的职业发展和三个维度有关，即 P=Performance（专业表现）；I=Image（形象）；E=Exposure（曝光度）。

很多企业会在第一轮面试中通过职业形象筛选面试者。对于穿着不正式，服饰搭配不当，精神面貌不佳者直接淘汰，这些面试者甚至连自我介绍的机会都没有。而最终被留下来的不一定是颜值最高的，但一定是那些看上去自信大方、积极向上、值得信赖，并符合企业岗位需求的应试者。

很多专业不错的求职者，不理解为什么自己那么"优秀"，却没有面试成功。那是因为 PIE 的三个维度在职业生涯中紧密相关，无论我们的专业知识有多丰富，都需要通过职业形象传达出自己的面试态度、个人修养和专业实力。

所以，一个人的形象远远不止与自己的喜好相关，某种程度上也是能力的体现，一个人能管理好自己的职业形象也是自律的表现。

商务人士应该有能力根据不同职业场景的要求展示自己的职业形象。每个人的角色是多样的，可驾驭的形象也应该是多角度的。

职场礼仪

模块三 ③ 仪态举止礼仪

儒有居处齐难，其坐起恭敬，言必先信，行必中正。
——《礼记·儒行》

礼仪迷思

近年来，企业对员工的职业素养与礼仪标准的要求越来越高，很多学员会问是否生活中也要随时注重自己的仪态，应该如何训练自己的体态，要坚持多久才能达到标准并养成习惯，如何读懂对方的肢体语言信息，如何使用眼神与笑容打动他人等诸如此类的问题。

当大家问出这些问题的时候，就说明我们已经观察到，在生活或工作中，仪态的小细节可能会"出卖"自己。其实，仪态举止的规范动作学起来并不难，但要坚持每天执行就很困难。这个世界上最难的就是坚持一些见效极慢的优良习惯，但往往坚持这些习惯能够使人受益一生。所以，行为习惯的养成不仅仅依靠外在的形式，更需要强大的内心。

08 举手投足的惊叹

> 举止是映照每个人自身形象的镜子。
> ——约翰·沃尔夫冈·冯·歌德

一个人的体态体现了他的修养和品格,是人们在成长和交往过程中逐步形成的,具有习惯性的特点。优雅的举止和潇洒的风度,常常会给人留下深刻的印象。在人际交往中,仪态承载的信息远远大于语言。因此,"听其言,观其行"是所有商务活动中必不可少的。

站姿

美国作家威廉姆·丹福思曾这样描述:"当我经过了一个昂首挺胸、放平肩膀、收腹、收下颚的人面前时,对我来说,他是一种激励,而我也会因此而不由自主地站直。"这种自信的站姿可以带给他人乐观、积极的印象,让我们更有人气。站姿是所有体态的基础。

基本站姿

日常生活中我们会看见很多人站立时习惯低头、东倒西歪、脖子前伸、含胸驼背,其实这些都属于不良站姿。良好的站姿要求是"站如松",基本要领是躯干挺直,挺胸,收腹,提臀,立腰,头正,双目平视,下颌微收,面带微笑,双肩放松,整体有向上的感觉。

肩部: 保持放松,自然下垂,不要耸肩,也不要故意压肩。

胸部: 自然舒展,不要故意使劲地去挺胸,也不要过于含胸。故意挺胸会让人觉得不自然,有些做作;过于含胸又会让人觉得拘谨、自卑,没有自信。

背部: 俗话说"背厚三分,人老十岁",所以背部要挺直,绝不能驼背。

腰部: 腰部要直立起来,给人积极向上的感觉;不要松松垮垮,显得老态。

腹部: 保持小腹自然有紧绷感和控制感,但不是故意往里收或毫无控制地往外凸。

腿部: 两腿立正并拢,双膝夹紧。

脚部: 双脚的根部紧靠在一起,呈 45°~60° 夹角的"V"字形站立。

女士站姿

女士站立时,两臂可自然放在身体两侧,也可双手虎口相交,右手握住左手手指部位,指头并拢,贴于小腹上;脚呈"V"字形或"T"字形站立。"T"字形站立时,一只脚在另一只脚的脚弓处成 90° 角。站立时间长时,左右脚可以互换,减轻疲劳感。女士站姿如图 3-1 所示。

模块三 仪态举止礼仪

图 3-1 女士站姿

男士站姿

男士站姿要体现出男性稳重、阳刚、潇洒的风采。站立时，可以采用"V"字形站姿，也可以双脚适当分开，两脚外沿宽度以不超过肩宽为宜，双臂自然垂放于身体两侧。背手站姿和叉手站姿也是男士经常选择的站立方式。男士站姿如图 3-2 所示。

图 3-2 男士站姿

坐姿

在职场中，坐姿的使用频率非常高。良好的坐姿应该是"坐如钟"，上半身保持标准站姿的体态，给人文雅、端庄、稳重、自然的感觉。

女士坐姿

女士坐姿有很多种（如图 3-3 所示），但无论选择哪种坐姿，身体都要坐直，双腿都要并拢。

标准式坐姿：两臂自然弯曲轻放在腿上，右手搭在左手上，轻轻压住裙摆位置，小腿与地面呈 90°角。这种坐姿适合所有正式场合。

职场礼仪

斜放式坐姿：双腿斜放于左侧或右侧，腿部大约与地面呈 45°角。这种坐姿常常使用在办公室、车上或者较轻松的社交场合。

叠放式坐姿：将双腿一上一下交叠在一起，双腿之间没有缝隙。叠放式坐姿既可以向左侧也可以向右侧叠放，脚尖必须压低一些。这种坐姿坐不好反而容易出现不雅体态，一般不建议在正式场合使用。

图 3-3　女士坐姿

男士坐姿

男士坐姿要求身体直立，双手掌心垂直向下自然放在膝盖上，双脚适当分开。正式场合两膝间的距离以一拳为宜，非正式场合可以是两拳的距离，小腿与地面呈 90°角。男士也可以选择叠放式坐姿，但不要翘脚尖，不要抖动或摇晃腿部。男士坐姿如图 3-4 所示。

图 3-4　男士坐姿

就座礼仪

就座分为入座、坐下和离座礼仪。

入座时：应轻、稳、缓走到座位前，右脚轻向后撤半步，用小腿靠椅，以确定位置。如果椅子左右两侧都空着，应从左侧走到椅前，遵循"左进左出"的原则。

坐下时：臀部接触椅面要轻，不要把椅子坐满，应坐椅子三分之二的位置。女士穿裙装时，要先收拢裙摆后再坐下，不要落座后再起来整理。坐下后，上身直正，头正目平，面带微笑。如遇到熟人，应起身主动跟对方打招呼；如不认识身边的人，也应向其点头示意。

离座时：右脚轻向后撤半步，动作仍然要轻、稳、缓，注意起身离座时尽量不发出声响。身旁如有人，需以言语或者动作先向其示意，随后方可起身；如果与他人同时离座，需注意起身的先后次序，地位低于对方时，应稍后离座。

行姿

一个人的行姿体现着这个人的性格、素养、气质和魅力。良好的行姿要求"行如风"，即行走时有一种轻快自然之美。

行姿是站姿的延续动作，应保持站姿中除手和脚以外的各种要领。行走时，以腰带动脚，重心移动，颈要直，双目平视，下巴向内缩。上半身保持正直，膝盖伸直，脚跟自然抬起，有节奏地行走。肩膀放松，双手自然摆动，以前摆35°、后摆30°为宜。步速适中，跨步均匀，步幅约一只脚到一只半脚的长度。

女士在某些特殊场合也可以采用叉手的方式行走，行姿应轻盈、自然、大方，走出端庄、优雅的美感。男士应该稳健、自信、挺拔，给人潇洒、有气度的感觉。男士和女士行姿如图 3-5 所示。

图 3-5　女士和男士行姿

行走时要注意不要内八字或外八字，不要低头或手插兜，不要弯腰驼背或歪肩晃膀，不要勾肩搭背或左顾右盼。步幅和步态要根据自己的身高来调整，不要步幅过大或过小，忽快或忽慢。即使遇到紧急的情况，也不要奔跑或跳跃。如果因工作需要，必须超越他人时，要礼貌致歉说声"对不起"。女士在穿高跟鞋行走时，注意不要发出"嗒嗒"的声音。

职场礼仪

蹲姿

在商务场合中，低位取文件、捡东西、拍集体照等都会用到蹲姿。蹲姿要求在站立的基础上，一脚在前，一脚在后。上半身保持正直，两腿合力支撑身体，腿部慢慢弯曲向下蹲。

女士蹲姿

女性常用蹲姿有高低式和交叉式两种，如图3-6所示。穿着低领衣服时，女士需要护住胸口，避免尴尬。

高低式蹲姿：脚一前一后，上半身挺直，腿靠紧，臀部向下，前膝高于后膝，头和腰保持一条直线。双手交叉放在高的那只腿的大腿靠膝盖位置，轻压裙子。

交叉式蹲姿：下蹲时，双脚前后交叉，慢慢向下蹲，后腿膝盖由后下方穿过前腿膝盖下方，后脚脚跟抬起，脚掌着地，两腿合力支撑身体。这种蹲姿造型优美，女士在穿着短裙时采用较多，但难度较大，需要大家多多练习。

图3-6　女士蹲姿

男士蹲姿

男士多采用高低式蹲姿。上半身直立，两手分别放在两腿的膝盖位置，如图3-7所示。与女士蹲姿不同，男士双腿可以自然分开，但分开宽度不能超过肩宽。

图3-7　男士蹲姿

在不同的场合，面对不同的对象，我们的行为举止可能会有些区别。但无论如何，我们的体态都应表现得自然大方，不做作。同时，应注重体态与表情的结合，把自信与尊重体现在举手投足之间。

- 体态是在成长和交往过程中逐步形成的，也代表了一种生活的姿态。
- 良好的站姿是其他体态的基础。
- 我们除了用语言来表达思想情感，还要用体态来表达内心活动。

任务达标

扫描下方二维码，观看慕课视频，完成测试。

慕课"体态礼仪"   测试

思考：在商务活动中，如何通过体态举止，让对方感受到充分的尊重，而又不失亲切呢？

09 宝贵的职场"表情包"

> 人类确有一件有效武器，那就是笑。
> ——马克·吐温

表情是与人交往时内心情感在面部上的表现，是人体语言中最为丰富的部分，也是内心情绪的反映。在人际沟通中，表情起着重要的作用。人们通过喜、怒、哀、乐等表情来表达内心的情感，而构成表情的主要因素是眼神和笑容。

目光礼仪

目光是一种深情的、含蓄的无声语言，往往可以表达有声语言难以表达的意义和情感。英国诗人泰戈尔说："一旦学会了眼睛的语言，表情的变化将是无穷无尽的。"这说明眼睛的语言表现力极强，是其他举止无法比拟的。目光礼仪需要注意四方面的内容。

注视方式

注视他人的方式有多种，如直视、凝视、扫视和环视等。有一些注视方式可以在工作时使用，而一些注视方式则要避免。整体来说，和别人进行目光交流时，应该正视对方，目光要亲切、友善、自信。

在社交场合中，采用直视或者凝视的注视方式比较好。直视表示认真、大方、坦诚和尊重。凝视一般使用于演讲、授课或者比较熟悉的人之间，表示专注和恭敬。当同时与多人打交道时，可以采用环视的方式，即有节奏地注视不同的人或事物，表示对所有人都抱着认真、重视、一视同仁的态度。

在交谈中，要注意不能死盯着对方，也不要眼神闪躲、飘忽不定。避免出现翻白眼、瞪眼、斜视、眼神闪烁、频繁眨眼、上下打量、不看对方等情况。

在掌握并正确运用目光礼仪的同时，还应当学会"阅读"对方的目光语言。从对方的目光变化中，分析他的内心活动和意向。目光语言虽然千变万化，但却是一个人内心情感的流露。学会阅读和分析目光语言，对于正确处理社交活动的进程和发展有着重要的意义。

注视区域

一般来说，注视对方时应使目光局限在上至对方额头，下至对方上身的第二粒纽扣以上（即胸部以上），左右以两肩为准的安全区域。在安全区内根据不同场合、不同对象，注视的具体范围有所不同。

在比较正式的商务活动中，如会议、谈判等，注视范围是以两眼为两个点，以前额上端为顶点所形成的三角区域。这是商务活动常用的注视范围，注视这个区域可以给对方一种严肃、认真的感觉，更容易控制谈话的主动权。

在各种社交场合，比如酒会、舞会等，注视的区域是以双眼为上线，以唇为下线所形成的三角区域，注视这个区域可以营造平等、轻松、自然的感觉。

而与亲人、恋人之间，目光可以停留在对方的双眼到胸部以上的区域，以表达亲密和爱意。

注视时间

注视时间的长短代表了对对方的尊重程度。通常情况下，沟通时和对方目光接触的时间占和对方相处总时间的二分之一左右比较好。如果想表达对对方的关注和重视，注视时间可以加长至约占相处总时间的三分之二。如果目光时常游离于对方，注视对方的时间不到全部相处时间的三分之一，则会被视为轻视。

对视时，每次眼神交流的时间在3秒左右，初次见面表达友好时，目光接触可以在3~10秒。与人交流时，忌不看对方或一直盯着对方看。当对方沉默不语、说错话或者拘谨的时候，可自然地移开目光，避免双方尴尬或不安。

而在跨文化沟通中，无论是注视的区域，还是注视的时间，都会因为不同国家的文化差异而有所不同。例如，在日本文化中，直接注视别人的眼睛可能会被认为是不礼貌的；而在德国文化中，与人交谈时，一定要注视对方的眼睛。

注视角度

注视对方时，目光的角度能表示出与交往对象的亲疏远近。注视角度有平视、侧视、仰视、俯视。在普通场合，与身份、地位平等的人进行交流时，一般采用平视。抬头注视他人，即仰视，是表示尊重或者敬畏对方。长辈对晚辈多采用俯视，即向下注视他人，但俯视也有对他人轻慢、歧视的意思。

在人际交往中，彼此之间的注视还与地位和自信有关。主动者往往更多地注视对方，而被动者较少迎视对方的目光。如果总是避免眼神接触，就是在发送不舒服、不自信，甚至是不诚实的信号。所以与人交流时，应注意目光接触，用眼神交流建立信任。

微笑礼仪

心理学家曾做过这样一个实验：以100个人作为受试者，让他们通过照片判断对哪个人的印象最好，哪个人的品德更好、能力更强。结果90%的受试者不约而同地指出面带微笑的人给人留下最好的印象，认为其品德最好，能力最强；而对面部表情平静，但略显紧张的人，则会怀疑其能力和品行。这个实验明确地得出了一个结论：人们往往通过别人的表情对其做出判断，而微笑是最容易让别人获得好感的表情，也可以缩短两个人之间的距离。

微笑的功能

微笑是与人交往的润滑剂。有效地利用笑容可以缩短彼此之间的心理距离，打破交际障碍，为深入地沟通与交往创造和谐、温馨的良好氛围。微笑能够加强人际关系，让人产生亲切感和亲和力。

职场礼仪

微笑是热情待客的表现。把微笑贯穿到商务活动的每个细节，笑脸相迎，笑脸接待，笑脸相送，可以为企业塑立良好的形象，吸引客户，赢得信誉。

微笑是缓解矛盾的方法。鲁迅先生的名句"相逢一笑泯恩仇"就表达了以笑克刚的独特魅力。恰到好处的微笑可以缓和紧张气氛，消减不满，适当地弥补工作中带来的失误。

微笑的作用是巨大的，但是要笑得恰到好处却不简单，所以微笑是一门学问，也是一门艺术。

微笑的方式

微笑的基本要求是真诚喜悦，发自内心。微笑者应神态自若、目光有神、热情适度、自然大方。职场中的微笑一般有三种方式。

浅微笑：浅微笑时，嘴角微翘，不露牙齿，即我们经常说的"笑不露齿"。练习时，可以用手把嘴角两端往上提，保持10秒之后，恢复原来的状态并放松。

小微笑：小微笑时，嘴巴微启，稍微露出2~4颗牙齿。同样，用手把嘴角两端上提，保持10秒之后，恢复原来的状态并放松。

职业微笑：美国沃尔玛公司提出过一个关于职业微笑的理念，后被多家服务行业效仿，它要求员工微笑时，应露出八颗牙齿。因为经过测算，露出八颗牙齿的微笑是最真诚的。

其实，在现代职场中，只要是真心地交流，让他人感到舒适，微笑时露出几颗牙齿并不重要。有感情地与人交流，微笑才会更真实，更发自内心。

微笑的四个结合

微笑要与眼睛相结合。眼睛有传神送情的特殊功能，要学会用眼睛去"微笑"，做到眉开眼笑。眼睛的"微笑"可以对着镜子练习：先对着镜子找到自己最美的笑容，然后将嘴巴部分遮起来，只看镜子中的眼睛，这时眼睛应该是带着笑意的，也就是用眼睛来表现笑容。

微笑要与神、情、气质相结合。这里讲的"神"，就是要笑得有情入神，笑出自己的神情、神色、神态，做到情绪饱满；"情"就是要笑出感情，笑得亲切、甜美，反映美好的心灵；"气质"就是要笑出谦逊、稳重、大方、得体的感觉。

微笑要与语言相结合。微笑和语言都是传播信息的重要符号，微笑与美好的语言相结合，能让微笑发挥出更好的效果。在练习时，可以把微笑和问候语、敬语结合起来，例如，微笑着说"早上好""您好""欢迎您""再见"等礼貌用语。这样可以使对方感受到我们的问候是发自内心的。

微笑要与体态相结合。以笑助姿、以笑促姿，形成完整、统一、和谐的美。在练习时，可以把微笑与点头、握手、鞠躬等行礼动作相结合，从而增加肢体语言中的情感色彩。

微笑还要注意区分场合，例如，在严肃庄重的场合、对方心情低落或身体不适时，要避免露出笑容。微笑时要把握时间长度，时间太短会让人觉得敷衍了事，时间过长也会给人以傻笑、表情僵硬的感觉。微笑时，不要露出牙龈，不要只有一侧嘴角上扬，不要假笑、冷笑、怪笑、窃笑、嘲笑等。

目光与微笑是社交场合中最富吸引力、最令人愉悦的，也是最有价值的面部表情，可以带给人亲切、友善、鼓舞的信息。因此，无论是个人还是企业都应充分重视目光和微笑礼仪。

- 与人说话或听人说话时,看着对方是最基本的尊重。
- 微笑是人际交往中的润滑剂,是广交朋友、化解矛盾的有效手段。
- 懂得微笑的人,总是能获得比别人更多的机会。

任务达标

扫描下方二维码,观看慕课视频,完成测试。

慕课"目光与微笑"　　　　测试

思考:谈谈你对"眼为心声""微笑是最好的名片"这两句话的认识。

10 隐形的标点符号

即使有人可以管住自己的嘴巴，保持缄默，
他们的一举一动也会泄露出秘密的蛛丝马迹。
——西格蒙德·弗洛伊德

与人沟通时，我们一般会把注意力放在说话的内容上，并认为这是沟通的核心和关键。但其实沟通是一件非常复杂的事情。当两个人面对面交流时，除了谈话的内容，我们还在不经意间传递着其他信息，心理学家把这些信息的传递称为非语言沟通。除了前面讲到的个人形象、身体姿态、目光接触外，非语言沟通还包含交流时的肢体语言、身体距离、辅助语言、时间观念等。我们不仅要学会读懂对方的非语言信息，也要注重自己的身体语言使用是否得当。

肢体语言

在人际交往中，肢体语言是我们识别对方和被他人识别的一个信号。心理学理论研究表明，一个人的内心世界总是会表现在他的外在行为中。有的时候人的肢体语言是伪装的，为了给对方造成一定的假象；有的时候人的肢体语言是无意识的表现，这时肢体语言就是一个人内心世界最真实的反映。

小动作

近年来，随着商务交往的正式化，很多人都会尽量避免在规范性礼仪上出错，但依然会出现一些微小的、下意识的失礼动作。我们往往很容易忽视这些动作所流露的信息。

（1）抖腿

在商务场合中，虽然表面上假装镇定自若，但无意识地抖腿则会恰好暴露人的不安、困惑、焦躁和紧张。抖腿是一种非常不雅且失礼的行为。当我们意识到自己有抖腿的坏习惯时，可以选择做深呼吸或是端起水杯喝口水，来缓解自己不安的情绪。

（2）摸颈

有些人习惯在发表观点以后，使用自己的手抚摸颈部，这一动作看似不经意，但其实是在明显地暗示对方："我的压力很大""我很不自信"。为了规避这一小动作，我们要培养自己强大的自制力，认识到这个小动作的坏处。

（3）搓手

当人们处于压力或怀疑状态时，往往会轻轻地使用一根手指摩擦另一只手的手掌。当压力增大时，这一动作会演变成十指交叉摩擦，类似的动作还有十指交叉紧扣。避免这一类小动作最好的方法就是给自己的双手找个东西握着。

（4）舔嘴唇

与其他小动作相比，嘴部的行为往往更容易被自己忽视。因为在紧张、不安的交流过程中，我们很可能只关注着让自己平静下来。此时，嘴唇会发干，我们会不自觉地舔嘴唇。这样的小动作可能会让人觉得我们紧张和不自信。

不停地掰手、抓耳挠腮、摆弄饰物、撕咬指甲、玩手机、转笔、摸耳朵等小动作都是需要注意的。这些小动作不仅会破坏个人形象，让人质疑我们的工作能力，还可能使原本完美的商务活动处于尴尬的局面。

手势

手势是人类最早使用的，至今仍被广泛运用的一种交际工具。在长期的社会实践过程中，手势被赋予了种种特定的含义，逐渐成为人类表情达意的最有力的手段，在肢体语言中占据最重要的地位。在商务表达中，手势对于强化观点、引起注意力有非常大的作用。使用手势时需要注意两点。

（1）幅度

一般来说，做手势的幅度上界不应超过对方的视线，下界不应低于自己的腰部；左右摆动的范围不要太宽，应在人的胸前进行。当然动作的幅度也应视情况而定，若空间大、人数多，我们的手势则应尽量大气。

（2）频次

发自于内心的、积极的手势有时要比一百句话还有价值。但手势运用得过于频繁会让人感觉张牙舞爪、喧宾夺主，使有声语言的主体地位被极大地削弱。多次重复一些毫无意义的手势也是一种紧张的表现。因此，手势的使用可适当增加，但不宜过多，不宜重复。

手势具有丰富的表现力，使用时要自然亲切，多用柔和曲线的手势，少用生硬直线的手势，要做到恰到好处、恰如其分，以便拉近人与人的心理距离。在跨文化沟通中，手势的使用要更加慎重。

身体距离

身体距离也是非语言表达的方式之一。距离可以判断交际双方之间的亲疏关系，是一个非常重要的礼仪概念。在实际的社交活动中，虽然我们很难精准地去把握实际距离，但是有些相对可行的规则可以遵循。一般而言，交往双方的人际关系以及所处的情境，决定着相互间自我空间的范围。

亲密距离

亲密距离范围在 0.5m 以内，这种亲密距离只限于在情感联系上高度密切的人之间使用。在社交场合，两个人，尤其是异性之间不太适合过于贴近，除非是亲人或恋人。而在同性之间，这个距离往往只限于贴心朋友之间。因此在人际交往中，除非身处特殊情景，一个不属于这个亲密距离圈子内的人随意闯入这一空间，不管他的用心如何，都是不礼貌的，也会引起对方的反感。

 职场礼仪

个人距离

个人距离为 0.5~1.5m，这是人际交往中稍有分寸感的距离，可能有一定的身体接触。1m 左右的个人距离正好可以使互动双方亲切握手、友好交谈，任何朋友和熟人都可以自由地进入这个空间，而陌生人进入这个范围可能会引起不适。

社交距离

社交距离通常用在社交性或礼节上较正式的关系中，其范围为 1.5~3m。社交距离适用于商务会晤、商务谈判、社交聚会、求职面试等场合。

公共距离

在人际交往中，公共距离的范围在 3m 以上，它适合于演讲、做报告和文艺演出。在这种距离下，沟通的效果会有所降低，沟通双方很难进行直接交谈，所以常会使用手势、表情等辅助行为来加强人与人之间的沟通。

人际交往的身体距离不是固定不变的，它具有一定的伸缩性，会因为双方的关系、社会地位、文化背景、性格特征、情绪和环境等情境发生变化。在人际交往中，我们要把握适合的身体距离，既能达到社交目的，又给足对方安全感。

辅助语言

辅助语言是通过节奏、语调、音调的变化及声音的大小和波动来表达不同的信息。例如，讽刺的语气与真诚、发自内心的语气所表达出来的信息是不同的。同样的一句话，如果对方在表达的时候语气坚定，神情自若，那么我们会很容易相信；相反，如果对方说话的音量很小，眼神飘忽不定，语气很犹豫，我们就会心生怀疑。所以沟通中要把握好语气语调、说话的节奏、声音的大小等。

时间观念

时间作为一种客观现象，其本身在沟通中不具备特殊的含义。时间在沟通活动中之所以成为一个重要因素，是由人们对使用时间的方法和态度不同，即时间观念不同而产生的。不同文化背景、社会地位的人，对时间观念的理解也有所不同。时间观念不仅是守时的问题，还包括人们处理事情的节奏和紧迫感，体现了是否重视对方，是否具备服务意识、团队意识和配合意识。

非语言沟通所传递的信息是成功履行商务职责的重要基石，也是一个人整体风格和外在表现的核心要素。那些不经意的小动作、不该有的身体距离、奇怪的语气或无时间观念等，都可能会在第一时间出卖我们，使我们在自以为展现出最好瞬间时功亏一篑。因此，身为专业的商务人士，不可忽视这些"隐形的标点符号"。

 小贴士

- 职场中要勤纠正并避免不适宜的小动作出现。
- 与人交往中，需注意界域规范。
- 手势可表达想法，增强感染力，但在跨文化沟通中要慎用。

任务达标

扫描下方二维码,观看慕课视频,完成测试。

慕课"特殊的肢体语言"

测试

思考:在生活或工作中,有哪些"小动作""小细节"是大家不能忍受的?

笔者分享

不容忽视的职业"绊脚石"

在企业礼仪培训中,讲解仪态礼仪是不可或缺的环节,但也会遇到一些质疑。曾经有位主管问我:如果每天要接待几百甚至上千位客人,还要随时微笑、保持标准的仪态吗?我的回答当然是肯定的。因为真正的知行合一,本身就要克服各种困难。学习的目的不仅仅只是知道,而是要做到。很多时候,影响我们事业发展的,不是学历、不是能力,而是我们当下的一言一行。

日常生活或工作中,哪怕一个小动作都能够准确地展示自己的形象气质,也会影响到他人对我们的评价。尤其是在面试、接待、参会等工作中,不良姿态或者一个不恰当的表情、小动作会影响他人对我们的看法,甚至会成为阻碍我们事业发展的"绊脚石"。

改善仪态,首先要知道自己有哪些和仪态有关的小问题;其次通过训练,用正确的仪态举止替代不良的仪态举止;最后,再通过长期的坚持,实现最终的改善,并让良好的仪态成为自己职业形象的一部分。

良好的仪态代表了一个人的精神面貌与修养。如果我们的姿态展现的是自信,我们的上级、客户就更容易信任我们;反之,如果我们唯唯诺诺、抓耳挠腮,对方就会产生不信任感。所以大家都应该注意平时的行为举止,改变自己的行为习惯,提升个人魅力,助力职业发展。

模块四 ❹ 位次排列礼仪

为人子者，居不主奥，坐不中席，行不中道，立不中门。
——《礼记·曲礼》

礼仪迷思

位次排列的本质是分清"前后左右"，从而体现"高低尊卑"。听起来觉得这挺简单，但在生活和工作中，面对千变万化的实际情况到底应该怎么排位又会"傻傻分不清楚"。

会场上，面对大大小小的领导，该如何安排他们的座位？酒桌前，自己究竟该坐在哪一个位置？汽车里，上座到底是哪里？行进中，又该走在什么位置以体现对客人的尊重？到底应该"以右为尊"还是"以左为上"呢？

其实，越复杂的事情我们越需要找到本质，越常见的场合越要做个有心人去认真观察。在学习和实践中掌握位次排列的原则和规律，就能把复杂的事情简单化，在千变万化的具体情况中准确运用，轻松做到排位不出错。

11 讲礼，就要先搞清楚位次问题

> 君子居则贵左，用兵则贵右。
> ——《道德经》

位次，即人们在交往过程中各自所处位置的尊卑次序，是依据一定的规则排序，使交际各方乐于接受的一种行为规范。从某种意义上说，方位选择具有体现人际关系状况、尊重交际对象、彰显自身文化涵养的重要作用。《礼记·曲礼》中记载："祥车旷左。"旷，空也。古人乘车以左边为尊位，如果尊者没来，左边的座位也要留空，这个礼节在古代被称为"虚左"，表示对客人的尊敬。可以看出，我国传统文化对位次礼仪就十分讲究。

位次礼仪的特点

虽然在我们的生活和工作中会遇到不同的场景，但位次礼仪是有一定特点的。弄清楚位次礼仪的特点，无论情况怎么变化，我们也能做到排位不出错。

中外有别

由于中外文化的差异，左右谁为尊，中外各不同。目前，我国的非涉外礼仪活动，特别是政务活动中，都遵照"以左为尊"的原则。例如，在全国人民代表大会、国务院举办的会议等活动中，均"以左为上"。

而在西方，座位安排的原则多以右为尊。在拉丁文和英文中，很多关于"left"（左）的单词和俗语都是贬义词，而"right"除了译为"右、右边"之外，最常使用的意思则为"适当的、对的、正确的"。在英语中，"right this way"表示"这边请"，在说这句话的同时抬起右手以示方向，表达的是对客人的一种礼貌。

古今有别

位次排列原则在我国的古代和现代也是有所区别的。即使在我国古代，虽有尚左的传统，亦有尊右的历史。例如，秦、唐、宋、明、清尊左，汉、元则尊右。夏、商、周、六朝朝官尊左，宴饮则尊右。

而新中国成立后，我国的礼仪规范也逐步与国际趋同，在涉外接待、商务会议、商务会谈等活动中，遵循"以右为尊"的国际惯例。

外外有别

千万不要认为外国的位次礼仪都一样，其实不同国家的座次排列原则也有不同。在排列位次时，我们应该按实际情况灵活应变。

职场礼仪

场合有别

场合不同，具体情况不一，位次礼仪也有差别，千万不要以不变应万变。例如，按照"以右为尊"的国际惯例，在商务场合中，讲究请职位、身份较高者居右；而在社交场合中，"女士优先"是国际社会公认的"第一礼俗"，所以应把最尊贵的位置让给女士。

位次礼仪的基本规则

面门为上

面对房间正门的位置为上座。坐在面对门的位置可以让人有一种安全感、踏实感，有一种统揽全局的感觉。

居中为上

座位布局若分中央、两侧，则中央位置的地位高于两侧位置。

前排为上

当座位布局有多排时，前排为上，这个规则适用于所有的场合。

以左/右为上

这里要特别注意，在我国的政务活动中，遵循"以左为上"的原则；而在涉外和商务活动中，遵循"以右为上"的国际惯例。

以远为上

离门越远的位置越尊贵。离门越远，越不容易被打扰，所以应请尊者坐在离门最远的位置。

距离定位

距离主位越近，地位越高。位次的尊卑往往与距离主位的远近密切相关。

我国现代画家、散文家丰子恺先生在他的散文《吃酒》中有这样一段关于让座的描写："这老翁年约六十多岁，身体很健康，常常坐在一只小桌旁边的圆鼓凳上。我一到，他就请我坐在他对面的椅子上。"寥寥数语，明礼好客的老翁便跃然纸上，这样的让座是使人心生欢喜的。我国是文明古国，自古以来都是一个重视礼仪的国家。无论是在古代还是现代，位次礼仪是尊左还是尊右，都应讲究秩序，尊重彼此。

小贴士
- 位次排列就是分清"前后左右"，体现"高低尊卑"。
- 我国"尚左"，国际"尊右"的位次礼仪要区分。
- 认清位次排列的规则，才能在复杂多变的场合中灵活运用。

任务达标

扫描下方二维码,观看慕课视频,完成测试。

慕课"位次排列的原则和方法"

测试

思考:如何理解古代"君子居则贵左,用兵则贵右"的蕴意?

12 你走的位置到底应该在哪里

> 道之以德，齐之以礼。
> ——《论语·为政》

在工作中，我们经常会遇到一些不太正式也不会提前排定位次的场合，但在这些场合中同样也存在着位次问题。例如，在陪同领导或接待来宾时，行进的位次就非常重要。

行进引领礼仪的基本原则

人们往往会置身于不同的场所、面临不同的情况，所以行进引领所涉及的礼节也有所不同，通常我们会遵循如下基本原则。

原则一：并排行走时，中央高于两侧，内侧高于外侧。

在商务场景中，我们应该让尊者走在中央或内侧。在不同的情景下，内侧可能是左侧也可能是右侧。但中国人习惯靠右侧通行，因此在一般情况下，我们以右侧为尊位，即右侧为内侧。

原则二：单列行进时，前方高于后方。

通常我们应让尊者走在前方。但如果客人不认识路或道路状况不明时，应该由引领人员率先行进，以便为客人充当"开路先锋"。主方为客人带路，即为引导。

行进中位次排列小公式

二人行

前后行，前为上、后为下；左右行，右为上、左为下；沿路行，内为上、外为下。

三人行

三人并行时，中为上、右为次、左为下。

多人同行

前排为上，后排为下；中央为上，左右为下；内侧为上，外侧为下。

特殊场景下的行进引领礼仪

在行进引领时，我们一般会遇到四种特殊场景，特殊场景的行进引领礼仪以"安全第一，尊卑有序"为总体原则。

经过走廊时

经过走廊时，要让客人走在走廊的中间，自己位于客人的左斜前方，以免对面行走的人冲撞到客人。

引领时，用左手示意方向，配合客人的行走速度，时不时侧身转头关注着客人，保持着职业性的微笑和认真倾听的姿态。

如果客人带有物品，可以礼貌地为其服务；如果途中有拐弯或台阶的地方，注意引导提醒，可以使用语言和手势来提醒客人。

上下楼梯时

在上下楼梯时，行进引领可以遵循三个原则。

原则一：右侧行走。

在我国，不论上楼还是下楼，大部分情况都应靠右侧而行，即右上右下。尽量将自己左侧留出来，方便有紧急事务者快速通过。

原则二：内侧优先。

如果楼梯是宽楼梯，引领人员可以与尊者并排上下，把尊者请到楼梯的内侧。这时，左右关系已经不再重要，重要的是应该把客人让到一个既安全又省力的位置。

原则三：尊者在高位。

如果楼梯较狭窄，应遵循"尊者在高位"的原则。上楼时以前方为上，请尊者走在前面，引导人员走在后面，距离相隔1~2个台阶。下楼时则恰好相反，由引导人员先行，让客人走在身后，这也是本着关注客人安全的原则。

如果一位男士需陪同一位身穿短裙的女宾，或者身穿短裙的女士需接待一位男宾，应该如何走呢？这时，在上下楼梯的过程中，应遵循"女士在后位"的原则，男士走在女士的前面，以免出现女士着短裙不便的尴尬。

进出电梯时

在进出电梯时，行进引领可以根据当时具体的情况遵循两种原则。

原则一：先进后出。

如果客人人数较多，应遵循"先进后出"的原则。

引领人员需要先进入电梯，站在操作盘旁边，一手按住"开"按钮，另一只手示意客人进入电梯，并对客人说"请进"，等客人全部进入后再关闭电梯门；到达指定楼层后，引领人员应一手按住"开"按钮，另一只手示意让客人先走出电梯，并对客人说"到了，您先请"。

原则二：后进后出。

如果只有一两位客人，则可以遵循"后进后出"的原则。例如，一些高档酒店的引领服务通常强调"客人优先""客人先进先出"的原则。

所以，引领人员会用手挡一下电梯门侧面或按住电梯外的"开"按钮，请客人先进入电梯；到达指定楼层后，同样请客人先出电梯，引领人员后出。

其实，在电梯引领时，除了要注意顺序问题，还有很多"小细节"也要注意。

细节一：在到达电梯口时，引领人员应告知客人所去的楼层数，可以说："王总，我带您去五楼的会议室。"

细节二：等电梯时，引领人员应站在电梯门旁靠近按钮一侧，并主动和客人聊天。

细节三：电梯到达后，引领人员应等电梯里面的人出来后，再请客人进入。

细节四：在电梯内，引领人员应让客人站在内侧，引领人员站在操作盘附近。

细节五：如果遇到其他同事乘坐电梯，引领人员应点头示意，或者礼貌问候："您好，请问您到几层？"并帮助对方按电梯层控按钮。

细节六：快下电梯前，引领人员应提醒客人。如果电梯内比较拥挤，应和周围的人提前打好招呼，以便客人换到外侧。

细节七：电梯到达后，应伴有引领语言，例如，"王总，您先请。"

出入房门时

出入房门时，若无特殊情况，应让尊者先行；如果遇到特殊情况，如室内光线昏暗需要开灯，那么引导人员可以先进入房门。

对于向外开的门，引领人员开门时应替客人拉门，让客人先进，之后反手关门；对于向内开的门，引领人员应把门推开先进入，背对门，再请客人进入，之后反手关门。

如果房门的把手在右侧，则需要用左手开门；如果房门的把手在左侧，则需要用右手开门。

进入房间前，一定要先敲门。无论是开门还是关门，动作都应优雅得体。务必用手开门或关门，推拉门时要注意自己的站位，不要挡住客人。

引领的手势

引领的手势可以用来向客人做介绍、引路、指示方向等，是商务接待人员不可或缺的法宝，通常我们也称之为"请"的手势。得体适度的引领手势可以增强情感的表达，体现出对客人的尊重与礼貌。

引领手势的基本要领是手掌自然伸直并拢，掌心向内向上与地面呈45°，腕关节伸直，肘关节自然弯曲至90°~180°。身体略向前倾，面带微笑，目光注视对方或看向指引的方向。

按照肘关节弯曲的弧度，引领手势一般可以分为小"请"、中"请"和大"请"。无论是哪种"请"的姿势，动作都应舒展、漂亮。

小"请"

小"请"一般用来指示较近的地方，例如，进门前用小"请"手势可以表示"请进"。基本做法是手臂从身体的一侧向指引的方向抬起，以肘关节为轴，抬起到大小臂弯曲至90°为止，如图4-1所示。

中"请"

中"请"一般是用来指示不远不近的地方。基本做法是手臂抬起到大小臂弯曲至140°为止，如图4-2所示。

大"请"

大"请"一般是用来指示较远的地方。基本做法是手臂抬到约与肩同高后，手肘略微弯曲，如图4-3所示。

图 4-1 小"请"手势

图 4-2 中"请"手势

图 4-3 大"请"手势

在商务交往中，引领作为一种礼仪方式，不仅体现着一个企业的文化底蕴，更体现着一个人的文化素养。不要忽视这虽小但使用很频繁的礼仪。一次成功的引领就是一次成功会面的前提，甚至可能成为一次成功合作的关键。

- 要留下良好的第一印象，训练有素的引领礼仪不可缺少。
- 引领礼仪要遵循"以中、以内、以右、以前、以高为尊"的基本原则。
- "尊者在高位"和"女士在后位"的上下楼梯原则，体现了尊重和体谅的内涵。

任务达标

扫描下方二维码，观看慕课视频，完成测试。

慕课"行进引领礼仪"

测试

思考：行进引领礼仪中的"内侧"在什么情况下指"左侧"，请举例说明。

13 乘车，你坐对了吗

升车，必正立，执绥。车中，不内顾，不疾言，不亲指。
——《论语·乡党》

我们在生活中不可避免地会有和他人，如客户、朋友、同事、第一次见面的陌生人等共同乘车的情况。在车厢这样一个特殊的公共空间内同样应注意相关礼仪。上车、下车、选择座位，这些看似普通的行为也有大讲究。乘车时间虽然短暂，但仍要保持风度、以礼待人。如何能在乘车这件小事上更好地体现良好的修养？具体的乘坐位置应该怎么安排更妥当？让我们一起来探讨一下那些不可不知的乘车座次礼仪吧。

乘车座次礼仪的基本原则

汽车是我们经常接触的交通工具，无论是在职场还是在其他社交场合，乘车都要注重礼仪的规范。也许有人会问："乘车还要讲礼仪吗？又有哪些礼仪可讲呢？"我们先来看看乘车座次礼仪的基本原则。

乘车过程中，座次代表不同的身份地位，不过有时安排座次也要考虑安全系数以及乘车人自己的意愿。

在乘车礼仪中，座次礼仪的原则可以概括为"四个为尊，三个为上"。其中，"四个为尊"是领导为尊、客人为尊、长者为尊、女士为尊；"三个为上"是指安全为上、方便为上、尊重为上。我们主要以这个原则并根据不同车型来安排座次。

五人座轿车的座次礼仪

小轿车的座次是比较讲究的。在不同情况下，轿车的上座是不一样的。

商务场合的上座

商务场合是指由专职司机开车的情况下，上座是后排右座，座次如图4-4所示。因为后排比前排舒服，右边比左边上下车更方便，这与我国道路行驶规则也有关。

商务场合中，副驾驶的座位通常被称为"随员座"，专供秘书、翻译、警卫、陪同等随行人员就座。一个训练有素的司机在酒店门口停车时，会使后排右座正对着酒店大门，而酒店的门童会给后排右座的人开车门，而不是为副驾驶座的人开车门。

图 4-4 商务场合的乘车座次礼仪

社交场合的上座

社交场合是指在主人开车的情况下,上座为副驾驶座,座次如图 4-5 所示。这个位置能和主人方便地交谈,而坐在后排,就有把主人当成专职司机的嫌疑。因此,最重要的是不能让前排空着,主人开车时要有人坐在副驾驶座,以示相伴。若同坐多人,中途坐前座的人下车后,在后面就座的人应改坐前座,此项礼节不能疏忽。

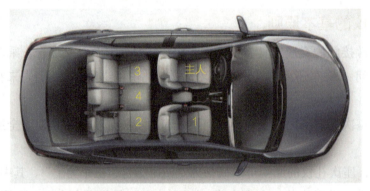

图 4-5 社交场合的乘车座次礼仪

当然也不是人人都适合坐在副驾驶座。客观来讲,车上最不安全的座位当属副驾驶座。所以从安全的角度考虑,一般不应让长者、孕妇和孩子坐副驾驶座。

VIP 上座

VIP 上座即司机后面的座位。在重要外宾、高级官员、知名公众人物乘车时,不管方向盘在哪里,都应安排其坐在司机后面的位置,因为那个位置是最安全的,隐秘性也最高。

七人座商务车的座次礼仪

七人座商务车一般在公务接待中使用较多,所以通常会有专职司机开车。座次以司机后排,也就是中间一排为上座,最后一排为次座,前排为下座。因为中间往往是商务车中最宽敞、最舒服的一排,而且离门近,上下车方便。

乘车的"加分"小细节

在乘车时,除了座次礼仪外,还有一些小细节可以帮我们"加分",给他人留下良好的印象。

上下车的顺序礼仪

确定上下车顺序的基本原则是"方便嘉宾,突出嘉宾"。具体来说,上车时应当请上司、客人、长辈或女士先上车。下车时则通常由随行人员先下车,领导、客人后下车;男士先下车,长辈、女士后下车。

遇到特殊情况则需要调整上下车顺序。例如,陪同领导出席重要欢迎仪式时随行人员一定要等领导下车后再下车,否则就会有"抢镜头"之嫌。

上下车的仪态礼仪

上下车时,无论男士还是女士,都不要弯着腰、头先往车里钻,用屁股朝着迎送者是十分不优雅的。

上下车时推荐大家使用两种姿势,即"平行式"或"背入式"。

"平行式"是靠近车门一侧的脚先踏进或踏出车身,将整个身体移入或移出座位后,另外一只脚再踏进或踏出。这种姿势最为普遍,男士和穿裤装的女士都可以使用。

"背入式"上车是先将身体背向座位入座,再将双脚同时收进车内,膝盖收拢转向前方。下车的情况与上车相反,先转腰,让双脚同时踏出车外,然后再起身将身体移出座位。这种姿势更适合穿短裙的女士使用。

尊重嘉宾的意愿

在商务接待时,嘉宾坐在哪里,哪里即是上座。有的客人在并非出于谦让的情况下坐错了座位,而这种错误又不影响其他客人时,我们应当将错就错,尊重他人的选择。这就是通常说的客人坐的位置即为上的道理。所以,具体场合、具体情况下要随机应变,灵活应用礼仪知识。

乘车时,坐对了位置可以更好地体现我们的专业素养,同时使他人对我们的好感度上升;但是,一旦坐了不符合自己身份的座位,不仅会给他人带来不便,也会让自己的处境十分尴尬。所以,得体地运用乘车礼仪,会给我们的职业生涯带来惊喜。

- 乘车时,为了表达尊重,应安排尊者、宾客、长者、女士就座于上座。
- 如果主人驾驶轿车,不要让副驾驶座空着;如果有专职司机驾车,则后排座位优于前排。
- 安全系数以及宾客自己的意愿也是考虑乘车座次安排的重要因素。

任务达标

扫描下方二维码,观看慕课视频,完成测试。

慕课"乘车座次礼仪"

测试

思考:认真思考下面几个场景的座次安排。

- 女职员与上司及上司夫人一同坐车,由上司本人驾车,女职员和上司夫人应该分别坐在哪里?
- 女职员驾驶私家车送一位男性客户和一位女性客户回家,他们该如何就座?
- 某公司经理和他的助理一起出差,乘坐酒店的专车从机场前往酒店,他们该怎么坐?

14 找准"上位"不会错

> 使一个人伟大,并不在于富裕和门第,
> 而在于可贵的行为和高尚的品性。
> ——普布留斯·奥维第乌斯·纳索

参加会议或者组织会议是商务工作中必不可少的内容。熟练掌握商务会议的礼仪是一种有效的社交手段,会议礼仪也是一门必须要认真对待的学问。会议礼仪首先要从座次安排不出错讲起。下面我们结合不同的会议场合,来看看座次礼仪的基本规则是怎样具体运用的。

主席台式座次安排

党务及政务会议

在我国的党务或政务会议中,主席台上的座位排序沿袭了传统座次礼仪中"以左为尊"的原则。需要注意的是,会议主席台座次安排永远以最高领导为基准(中心),在分辨左右时需以当事人视角,勿以观众视角。党务及政务会议主席台式座次安排如图4-6所示。

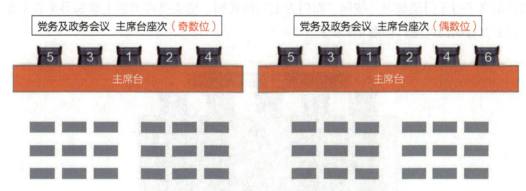

图4-6 党务及政务会议主席台式座次安排

情况一: 人数为奇数时。

当主席台就座的人数为奇数时,第一领导居中,第二领导在第一领导左侧位置,第三领导在第一领导右侧位置,以此类推,职务越高越靠近中间。

情况二: 人数为偶数时。

当主席台就座的人数为偶数时,第一、第二领导同时居中,第二领导依然在第一领导左侧位置,第三领导依然在第一领导右侧位置,职务越高越靠近中间。

国际及商务会议

在国际及商务会议中,主席台上的座位排序应按照国际惯例"以右为尊"。因此,当主席台就座的人数为奇数时，主席台的排序方式为第一领导居中，第二和第三领导分别在其右侧和左侧的位置；当主席台就座的人数为偶数时，第一领导在中间左侧位置，第二领导在中间右侧位置，以此类推。国际及商务会议主席台式座次安排如图 4-7 所示。

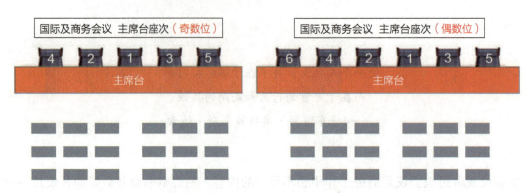

图 4-7　国际及商务会议主席台式座次安排

相对式座次安排

相对式的座位，即主方、客方或上级、下级面对面分别坐于长条桌子的两侧。这种座位布局在进行双边工作或对立性较强的会见，如商务谈判时，使用频率较高。

以主客双方坐于桌子两侧为例，主宾与主人居中而坐，双方参会人员根据身份高低分别坐在主谈者的两侧。

桌子平行于门时（横桌）

当长条桌平行于门摆放时，按照"面门为上"的规则，应安排客方或上级领导坐在面朝门的一侧，而主方背朝门就座，如图 4-8 所示。

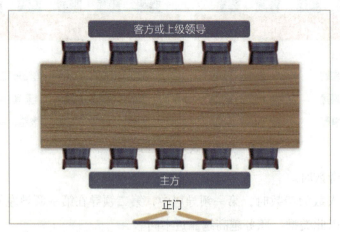

图 4-8　相对式座次安排（横桌）

桌子垂直于门时（竖桌）

当长条桌垂直于门摆放时，应以长条桌为中心面朝门站立，左侧即为客方或上级领导座位，右侧则为主方座位，如图 4-9 所示。

图 4-9　相对式座次安排（竖桌）

有特别风景时

如果就座于桌子的某一侧可以看到特别风景，这时门的位置就不再是判断主客席位的参照了，应把客人安排在能看到特别风景的位置。

分列式座次安排

分列式的座位多用于彼此比较熟悉、友好或者礼节性的会见中，座位以肩并肩的沙发进行布置，呈现出左右对等的八字形或半圆形。

接待外宾时

分列式的座位在国家领导人接待外宾时使用较多，往往在主谈者的身后还设有翻译员的位置。在座次安排时，以中线为轴，以就坐视角来看，主人在左，主宾在右，翻译员分别坐在主人和主宾的后面。主方其他人员坐在主人一侧，其他宾客按照礼宾顺序坐在主宾一侧。座位不够时可在后排加座。与外宾会谈时的分列式座次安排如图 4-10a 所示。

接待上级领导时

如果是在国内政务场，采用分列式座位与上级领导进行会谈时，则应使领导居于左侧，接待方居于右侧。与上级领导会谈的分列式座次安排如图 4-10b 所示。

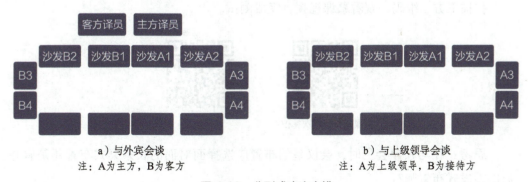

a）与外宾会谈　　　　　　　　　　　　b）与上级领导会谈
注：A为主方，B为客方　　　　　　　　注：A为上级领导，B为接待方

图 4-10　分列式座次安排

职场礼仪

"U"形会议桌座次安排

"U"形会议桌的摆放方式是将桌子围成长方形，并在长方形的一边留有开口，椅子摆在桌子的外围，开口处放置投影仪，桌子围成的长方形，中间也可以放置一些绿色植物来装饰，如图4-11所示。

"U"形会议桌比较适合小规模的会议，这种座位布局可以增加人与人之间的互动与交流，营造一种融洽的会议气氛。

"U"形会议桌座次的安排，以正对"U"形开口的正中间位置为第一领导的位置，左右按照职位高低依次排列。无论领导的数量是奇数还是偶数，排列规则都和主席台式座次安排一致。

在使用"U"形会议桌时，可以按照座次安排放置名签，方便参会人员对号入座。在会议前，应再次核

图 4-11 "U"形会议桌座次安排

实与会领导是否能够出席。如出席人员临时有变化，则应及时调整座次和名签，防止出现名签差错或领导空缺。还要注意认真填写名签，谨防错别字的出现。

会议的座次是可以事前安排的，所以在安排会议座次时如果遇到拿不准的情况，一定要先请领导过目，避免因座次安排不当而引起不必要的尴尬和不悦。会议后如果有合影的安排，则同样应遵循"尊者在C位"的原则。

小贴士

- 越是重要的会议，越要小心谨慎地提前排定席位。
- 在我国内部党务或政务会议中，采用"尊左"的原则；在国际或涉外会议中，则采用"尊右"的原则。
- 在相对式的会谈中，应把客方安排在内、在左或在观景的位置。

任务达标

扫描下方二维码，观看慕课视频，完成测试。

慕课"会议座次礼仪"

测试

思考：在与领导会见时，会议室的布置应选择面对面的长条桌式布置还是肩并肩的沙发式布置呢？

15 尊重宾客,从"哪里"开始

> 敬人者,人恒敬之。
> ——《孟子·离娄章句下》

华夏有数千年的礼仪传统,而其中最普遍、最重要的礼,就是食礼。正所谓:"夫礼之初,始诸饮食。"古人又云:"民以食为天。"而在"食"中又以"坐"为先。《鸿门宴》中就写道:"项王、项伯东向坐。亚父南向坐。亚父者,范增也。沛公北向坐,张良西向侍。"寥寥几笔却勾画出了席位安排的礼数。

中餐宴请的席位礼仪,关系到来宾的身份和主人给予对方的礼遇,是一项重要的学习内容。

中餐座次排列礼仪

座次排列就是座次的安排,即每桌每个座位的安排。正式的中餐宴请一般都使用圆桌,每张餐桌上安排的座位基本上是双数。在现代商务宴请的座次排列中,无论对内还是对外,都遵循"以右为尊"的基本原则。

座次排列首先要确定主位。那么如何确定主位?其他座次又如何排列呢?方法其实很简单,根据主人的数量可以分为单主人的排列方法和双主人的排列方法。

单主人的排列方法

如果宴席中只有一位主人,一般正对着门的中间位置就是主位,即遵循了座次礼仪中"面门为上,居中为上"的原则。通常,主位的正后方会设有不同的大背景或者装饰画,另外,一般在中餐宴请中,餐厅会将口布折叠成不同的造型,主位的口布造型会非常醒目,使人一望而知。

主位确定后,便可以将第一主宾安排在主位右侧,第二主宾安排在主位左侧。主位是每桌谈话的中心,所以主人应亲自服务于第一和第二主宾。其余座位以主位为参照,根据"以右为上,距离定位"的原则,按"之"字形顺次排列,并尽量做到主客相间。单主人的中餐座次排列如图4-12所示。

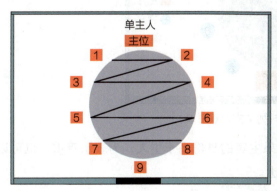
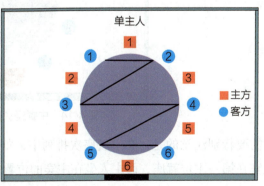

图4-12 中餐座次排列(单主人)

双主人的排列方法

有些企业在宴请宾客时习惯使用双主人位,因为这种座次排列方法可以多增加一个谈话中心,更好地照顾到主要客人。双主人位的排列方法往往以"主副相对,以右为上"为原则,同时在安排座位时尽量做到主客相间。

例如,当单位总经理和副总经理共同宴请宾客时,第一主位是面对门居中的座位,第二主位则是主位正对面,即背对门的座位;第一主宾和第二主宾分别位于第一主位的右侧和左侧位,第三和第四主宾分别按照"右高左低"的原则位于第二主位的两侧。双主人的中餐座次排列如图 4-13 所示。

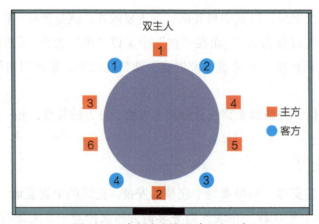

图 4-13　中餐座次排列(双主人)

但在职场中,我们也会出现偕家属一同出席商务宴请的情况,这时座次应按"夫妇相对,以右为上"的原则排列。

假设我们称总经理为男主人,其夫人为女主人。那么男主人坐第一主位,女主人位于男主人的对面,就座于第二主位。宾客通常随男女主人,按右高左低顺序依次对角飞线排列。这种双主人的中餐座次排列如图 4-14 所示。

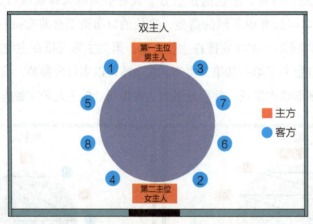

图 4-14　中餐座次排列(夫妻双主人)

需要特别注意的是,在中餐座次排列中,如果主宾的身份高于主人,为表示尊重,也可以安排主宾在第一主位就座,而主人坐在主宾的位置上。

中餐桌次排列礼仪

大家一定参加过大大小小的中餐聚会,如果没有事先规定座席,你知道自己适合坐在哪一桌呢?坐错了不仅尴尬,还失了礼仪。其实,确定中餐桌次排列最简单的方法就是先敲定主桌,其余桌次的高低以离主桌远近而定,遵循"近高远低"的原则,当两桌平行于主桌摆放时,则遵循"右高左低"的原则,需要注意的是这里的"右"是指面门方向的右边,不要记错了。

两桌的排列方法

当两桌面门横排摆放时,面门的右边是主桌;当两桌面门竖排摆放时,离门较远的是主桌。两桌的中餐桌次排列如图 4-15 所示。

三桌的排列方法

无论是三桌横排,还是三桌竖排,主桌一般都以"居中为上"为原则确定;其他桌次则按照"以右为上,以远(门)为上"的原则确定。三桌的中餐桌次排列如图 4-16 所示。

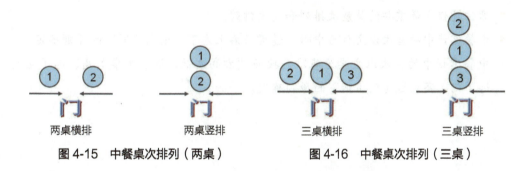

图 4-15　中餐桌次排列(两桌)　　　图 4-16　中餐桌次排列(三桌)

多桌的排列方法

多桌的排列方法有横排、竖排、花排、正排等,具体采用哪种排列方法需要根据场地条件和保证美观的要求来确定。不论采用哪种方法,有几个基本原则需要掌握。

原则一:每桌应有一位主人代表。

为了更好地照顾到客人,多桌宴请时,每桌均应安排一人代表主桌的主人就座,这位代表也被称为各桌主人。各桌主人一般应与主桌主人同向而坐;有时也可以面向或侧向主桌主人而坐,以便观察和呼应。主人的代表座次安排如图 4-17 所示。

原则二:距离定位。

当各桌纵向排列时,桌次遵循"以近为上,以远为下"的原则确定。即距离主桌越近,桌次越高;距离主桌越远,桌次越低。

原则三:以右为尊。

当各桌横向排列时,桌次遵循"以右为尊"的原则确定,即右侧的桌次应高于左侧的桌次。

原则四:限定人数。

每桌安排的用餐人数以限制于 10 人内为佳,并宜为双数。

在中餐宴请中,席次的排列也有很多变化。我们要懂得根据具体情况,善用席位礼仪的知识,才能让宾客感到愉悦和舒适。

 职场礼仪

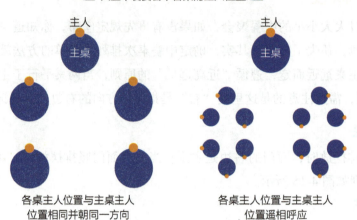

图 4-17 主人代表座次安排（多桌）

 小贴士

- 席位礼仪中最重要的是座次排列和桌次排列。
- 中餐宴请中的座次以主位为中心，遵循"右上左下，近高远低"的原则确定。
- 中餐宴请中的桌次以主桌为基准，按照"右高左低，近（主桌）高、远（主桌）低，远（门）高、近（门）低"的原则确定。

任务达标

扫描下方二维码，观看慕课视频，完成测试。

慕课"中餐席位"

测试

思考：在中餐宴请中，离门最近的位置一般由谁来坐？哪些人不适合坐在那个位置上？为什么？

16 女士优先,你觉得如何

> 品德,应该高尚些;
> 处世,应该坦率些;
> 举止,应该礼貌些。
> ——孟德斯鸠

西餐礼仪主要是指欧美地区的用餐礼仪,虽然各个国家对于用餐礼仪的细节要求不同,但总体上是以欧洲的礼仪为主流,尤其以法国西餐礼仪为代表。西餐礼仪的座次安排有法式和英式两种,无论选择哪种方式,进行座次安排前都应周密考虑每位客人的社会地位、个人喜好、人际关系等,以营造良好的餐桌氛围。

西餐座次排列原则

西餐的座次排列原则和中餐的座次排列原则有相同之处,但也有其自身独特的部分,西餐座次排列原则主要有以下六个。

女士优先

女士优先,相信大家都听过,甚至我们会认为这是国际社会中通用的第一礼俗。但实际上,女士优先不仅仅指次序的优先,更多是蕴含了男性对女性的尊重和关照。所以在社交场合中,绅士们通常会主动照顾女性,请女士先入座,把更舒服的位置让给女士;但在正式的商务场合中,我们往往会遵循男女平等的原则,以职位的高低决定座次的排列。

面门为上

在西餐礼仪中,面对餐厅正门的座次要高于背对餐厅正门的座次。所以应将第一主位安排在面门而坐的位置,第二主位安排在背门而坐的位置。

距离定位

西餐礼仪中座次的高低,与其距离主位的远近密切相关,"近高远低"的原则与中餐礼仪中座次排列的原则一致。

恭敬主宾

在西餐礼仪中,主宾极受尊重。即使用餐的来宾中有人在地位、身份、年龄方面高于主宾,主宾也仍是主人关注的中心。在排定座次时,应请主宾紧靠主人就座,以便照顾。

以右为尊

西餐礼仪遵循"以右为尊"的原则,右位高于左位。

交叉排列

在中餐礼仪中，用餐者经常会与熟人、恋人、配偶一起就座。但在西餐礼仪中，座次排列要遵守"交叉排列"的原则。依照这一原则，男女应当交叉排列，生人与熟人也应当交叉排列。

因此，一个用餐者的对面和两侧，往往是异性，而且更有可能是不熟悉的人。这样安排的最大好处是可以广交朋友，很多贴心的主人会把志趣相投的人安排在一起。不过，这也要求用餐人数最好是双数，并且男女人数各半。

西餐座次排列礼仪

因为西餐中多使用长桌，因此以长桌的横桌和竖桌两种就座方式为例，来了解西餐的座次排列方法。这里，我们重点讲解两位异性主人共同接待宾客时的座次安排，男主人在第一主位就座，女主人居于第二主位，以便更好地照顾全场的宾客。

横桌的座次排列方法

横桌是指男女主人在长桌中央面对面而坐，也称为法式就座方式。

按照"面门为上"的原则，男主人面对门而坐；女主人坐在男主人对面，背对门而坐。

按照"以右为尊"和"交叉排列"的原则，男主人右边是女主宾，左边是第二女主宾；女主人右边是男主宾，左边是第二男主宾。其他陪客按此原则依次往两边排列。

具体座次安排如图4-18所示。

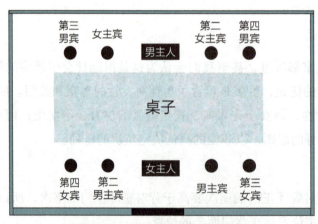

图4-18 西餐座次安排（横桌）

在西餐宴请中，我们经常会遇到男女主人一起坐在长桌一侧中间位置的场景，通常女主人坐在男主人的右侧。这时，座次安排又会发生微妙的变化。

竖桌的座次排列方法

竖桌是指男女主人分别就座于长桌两端，也称为英美式就座方式。

同样，男主人坐在离门最远且面向门的位置，女主人在他对面背向门而坐。女主宾坐在男主人右边，男主宾坐在女主人右边；男女主人的左边是第二男女主宾的位置；其他陪客尽量往中间坐。具体座次安排如图4-19所示。

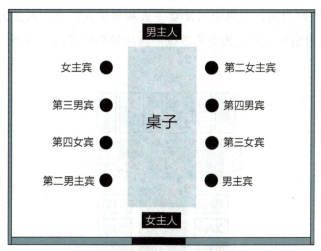

图 4-19　西餐座次安排（竖桌）

西餐桌次排列礼仪

西餐的桌次排列特别凸显主桌的位置。在一些大型的宴会上，桌子会呈"T"形或"门"字形摆放，如图 4-20 所示。

图 4-20　西餐的桌子摆放方式

确定西餐桌次高低的原则与中餐一致：离门最远，横向摆放的是主桌；其余桌次的确定原则是，近者为高，远者为低；中间为高，两边为低；右桌为高，左桌为低。西餐桌次排列如图 4-21 所示。

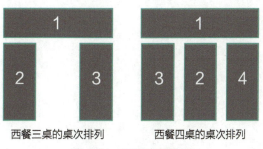

图 4-21　西餐桌次排列

以桌子呈"T"形摆放为例，主桌中间是女主人和男主人，女主人在男主人右侧；女主人右边是男主宾，男主人左边是女主宾；其他宾客按照座次排列原则依次排列。"T"形桌的座次排列如图4-22所示。

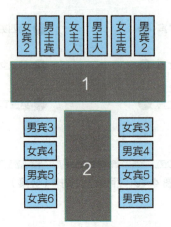

图4-22 "T"形桌的座次排列

西餐席位礼仪的"入门"事项

正式宴会一般会提前安排席位，参加时，不可贸然入席，应找到自己的席位卡后再就座；也有一些宴会只安排部分客人的席位，如第一主宾和第二主宾，其他人员只安排桌次或可自由入座，这种情况下应等主人或侍者引导之后方可入座。

当席位是由主人提前定好时，随意更换席位卡或坐在别人的座位上都是非常不礼貌的行为。

座次安排有时还起到了指引谈话的作用。在很多描述英国贵族生活的影片中，我们会看到这样有意思的片段：当主人结束跟右边客人的对话，转向左边客人时，这意味着其他人也该换聊天对象了。所以，不要只顾着与某位客人交谈，座位两边的客人都要兼顾。

说到这里，大家有没有发现西餐的席位排列与中餐的席位排列有相当大的区别呢？人们对席位安排十分关注，所以在举办或参加西餐宴请时，务必熟练掌握西餐的席位礼仪，以免造成不和谐，破坏宴席的气氛。

- 在西方，"女士优先"原则适用于社交礼仪。
- 西方座次排列的习俗之一是"男女交叉"，即使两人是夫妻也是如此安排座位。
- 参加正式宴会时，应按席位卡入座。

任务达标

扫描下方二维码，观看慕课视频，完成测试。

慕课"西餐席位"　　　　　测试

思考：哪些做法体现了西方的"女士优先"原则？

笔者分享

The rule "lady first"（"女士优先"原则）

2020年，"职场菜鸟礼仪指南"慕课上线法国FUN MOOC国际平台，得到了国际学习者的喜爱和好评。每个学期，平台上都有大量关于该课程的在线讨论，其中在开课后的第三个学期，我们收到了一个题目为"The rule 'lady first'"（"女士优先"原则）的帖子，内容如图4-23所示。

图4-23　FUN MOOC国际平台讨论区截图

这个帖子的内容主要是对"女士优先"的规则提出了疑问。提问者写道："我喜欢礼仪而且学习它，但我没有听过在宴会中是由女主人决定座次排列。我读到的都是男主人坐在正门前，女主人坐在服务门前。男主人是最重要的人……"

这个帖子的内容打破了我们的认知，因为之前参考了大量的中文版书籍、礼仪视频以及影视作品，我们都认为"女士优先"原则既适用于商务场景也适用于社交场合，在安排西餐座次时女主人都应在第一主人位。

职场礼仪

本着对知识严谨的态度，我们请朋友在德国寻找了一些礼仪书籍和文献，虽然数量不多，但的确有所收获。

例如，Der Platz des Gastgebers（《主人的座位》）一书中描述到：在用餐时，男主人通常坐在桌子的正面或者长边的中央，女主人坐在男主人的对面。书中原文如图4-24所示。

在Comment Recevoir à là française（《法式礼仪：优雅的艺术》）一书中，关于"座次规则"作者写道："在法国，一般来说男女主人各坐在餐桌中央，贵宾座分别位于男女主人座位左右两侧。"这和我们讲的"横桌排列方法"一致，但没有强调"面门为上"的原则。

Der kleine Gäste-und Gastgeber-Knigge（《客人与主人礼仪》）一书中写道：男主人坐在可以环顾整个房间，最好可以看到大门的位置，女主人坐在靠近门的位置；如果门在左边，按照"竖桌排列方法"，女主人坐在桌子两端的左端，男主人坐在右端（如图4-25所示）。这段描述和我们前面讲的"面门为上"的原则非常吻合。

Der Platz des Gastgebers

Bei einem Essen sitzt der Gastgeber in Regel an der Stirnseite der Tafel, aber auch in der Mitte der langen Tischseite ist heute durchaus üblich. Die Gastgeberin sitzt dem Gastgeber gegenüber.

图4-24　Der Platz des Gastgebers 内容截图

图4-25　Der kleine Gäste-und Gastgeber-Knigge 内容截图

座次礼仪中外有别、外外有别、场合有别、古今有别，西餐座次礼仪在不同国家、不同地点、接待不同的人都会有所差异，旧的座次排列原则也不一定适用于现在。所以，礼仪的学习不仅仅需要大家掌握各种原则，更重要的是要学会灵活应对。

职场礼仪

模块五 ⑤ 会面交往礼仪

礼者，人之所履也。
——《荀子·大略》

礼仪迷思

大家看到陌生人会莫名紧张吗？和别人说话时会手心出汗吗？来到一个新的环境会浑身不自在吗？很多人说，这应该是"社交恐惧症"吧。但其实我们最恐惧的，是我们觉得自己表现得不够好。

有些时候我们想得太多，而有些时候我们思考得不够周全。其实在会面交往礼仪中，我们最需要的是主动、微笑，记住对方的名字并学会称赞。

17 打招呼的学问

> 礼貌出自内心,其根源是内在的,然而,
> 如果礼貌的形式被取消,它的精神与实质亦随之消失。
> ——约翰·霍尔

打招呼对我们来说是一件难事吗?其实见面打招呼应该是一件自然的事请。试想一下,无论遇到什么人,他面带微笑、热情主动地问候你,你会不会觉得心情愉悦呢?在职场中,无论上下班或者接待客户,我们都要做到礼貌问候。在问候时,我们需要注意问候的次序、问候的态度和问候的方式三方面的礼仪规范。

问候的次序

问候是要讲究一定次序的。问候的次序反映了一个人的身份、地位、性别和婚姻状况,也反映了问候双方的亲疏关系以及对彼此的态度。问候的次序在单人问候和多人问候的情况下有所不同。

单人问候

当对方只有一个人时,通常是位低者先问候,如职位较低者、年龄较小者、男性和未婚者。但在主客之间,原则上是主人先向客人问候。

作为职场新人,我们在见到领导、老员工或客户时,都应该先开口问候。即使遇到和自己同一时间进入公司的同事,我们最好也要先问候,因为这体现的不仅仅是礼貌,更是一个人的修养。

多人问候

当对方多于一人时,我们可以选择笼统地问候,比如说"大家好";也可以逐个问候,但同样要遵循由尊及卑、由长及幼的次序。

有时考虑到座次安排,我们也可以采用由近及远的顺序进行问候。例如,在参加公司年会时,领导的座位一定在最里面,而我们从门口进入看到外面的同事也要打招呼。所以,任何的礼仪规范都要按照具体的情况进行相应的调整。

问候的态度

问候是表达敬意的一种方式,它可以打破陌生人之间的界限,缩短人与人之间的情感距离,所以问候的态度会直接影响问候的效果。

问候要主动

主动是真诚问候的诀窍。主动问候所传递的信息是：我眼里有你。试想一下，谁不喜欢自己被别人尊重和注意呢？

很多人会认为，主动跟别人打招呼好像显得自己低人一等，其实不然。主动打招呼更能说明我们有宽广的胸怀和积极的人生态度。尤其对于职场新人来说，主动应该是大家在职场中首先要拿出的态度。同时，当别人先问候自己时，我们也应该及时回应，不要不理不睬。

问候要微笑

在问候时，我们要热情、大方，不能毫无表情或表情冷淡。微笑本身就是一种打招呼的方式，面带微笑地打招呼，不仅会让对方觉得真诚，也会给对方留下自信、热情的印象。

问候要专注

在与人打招呼时，应该把身体面向对方，看着对方的眼睛，以示"口到、眼到和心到"。在问候时，不要眼睛看着别处，因为这样做会让人觉得不被重视。

问候的方式

口头问候、书信问候、电话问候、贺卡问候都是我们常用的问候方式。对于好久不见的朋友，逢年过节、对方生日或遇重大事件的时候打个电话、发个短信、送个祝福、写张卡片，都是促进友谊发展的好方法。而在会面交往时，我们经常用到的是语言问候和动作问候。

语言问候

大家打招呼时最常用的"你好""您好"或是下班的时候说的一句"明天见""开车慢点"，都属于语言问候。

对于好久不见的朋友，我们在问候时可以说"最近怎么样？""最近忙吗？"如果对方说挺忙的，那就要注意接下来的回应了：如果和对方关系比较好，则可以进一步问："在忙什么？"而如果和对方关系一般，则最好不要追问对方在忙什么，而应该说"要多注意身体"等关心的话语。

在很多国家或地区，我们也会遇到一些有意思的打招呼用语。例如，在英国，人们会说"今天天气不错"，在我国的一些地区，人们喜欢问"吃了吗？"其实说这些话的目的不是真的要聊天气或者问吃没吃饭，而是在向对方表示问候。

一句简单的问候可以表达出最基本的礼节和礼貌，但语言问候也要注意技巧。例如"黑眼圈怎么那么重""脸色怎么那么差"等问候虽然没有恶意，但也不会让人开心；而"你今天的衣服真漂亮""新发型很适合你""你上次做的汇报太好了""好想念你的厨艺呀"等夸奖式的问候则可以帮助我们更好地表达善意。

动作问候

在职场中，除了语言问候，我们还常常会用到动作问候，如点头、微笑、招手、握手、拥抱等。

近距离遇到同事时，我们可以点头微笑致意；远距离遇到同事时，则可以采用微笑招手的方

职场礼仪

式表示问候。

世界各地的地域文化不同，见面礼节也有所不同。在我国，人们习惯使用握手礼，日本人习惯使用鞠躬礼，泰国、印度等地的人们习惯使用合十礼，而美国人则更喜欢握手或拥抱的礼节。

问候的方式要根据不同的场合、不同的对象灵活选择。在问候时，语言问候越简单越好，动作问候一定要符合当地的文化。

小贴士
- 问候是生活中常见的一种礼仪形式。
- 问候要主动，面带微笑，看着对方的眼睛。
- 点头和微笑是特殊场景下最适用的问候方式。

任务达标

扫描下方二维码，观看慕课视频，完成测试。

慕课"问候"

测试

思考：如何与一位不太记得名字的同事打招呼呢？

18 不可忽视的称呼

> 尊敬别人就是尊敬自己。
> ——约翰·高尔斯华绥

现代的称呼名目纷繁复杂，一个得体而适宜的称呼，往往对人际交往产生微妙的作用，是不可忽视的细节。正确的称呼是"交际大门"的"通行证"，也是人际关系的首座"桥梁"。一声充满感情而又得体的称呼，不仅能够体现出待人的礼貌和修养，还会令被称呼的人感到亲切、愉快。

称呼的方式

称呼一般分为生活中的称呼和工作中的称呼。在工作岗位上，人们彼此之间的称呼是有其特殊性的，但总体来说，工作中的称呼一定要庄重、正式和规范。称呼的方式包括泛称呼、姓名称呼、职务称呼、职称称呼、职业称呼和学位称呼。

泛称呼

在社交场合，面对陌生人或者不熟悉的对象，我们一般采用泛称呼，比如"先生""小姐""女士""同志"等。但对于已经会面多次的合作伙伴，仅仅只称呼为"先生""女士"是非常失礼的事情。

需要注意的是，对于女性的称呼要格外小心。一般而言，对未婚女性称"小姐"，对已婚女性称"夫人"或"太太"。但"小姐"这个称呼在某些地区有不好的寓意，所以使用时要格外注意。当不知道对方的婚姻状况时，建议大家使用"女士"称呼对方，一定不要用"夫人"。

姓名称呼

姓名称呼一般适用于年龄、职务相仿者，或是同学、好友之间。在一些西方国家，即使是职场中的上下级之间，也习惯于直呼其名，因为这种称呼方式可以淡化等级，增加彼此之间的亲切感，提高团队的工作效率。但在我国，用姓名称呼时一定要慎重，建议不要用姓名直接称呼上级或长辈。

职务称呼

在我国的职场中，人们更喜欢用职务称呼，尤其是在正式场合的上下级之间，如"张董事长""王总""刘主任"等。

职称称呼

对于具有高级、中级职称的人，用职称进行称呼也较为常见，如"李经济师""张会计

师""王教授"等。

职业称呼

我们在称呼老师、医生、律师、会计等职业的人时，一般用"姓氏＋职业"进行称呼，如"李老师""王医生""张律师""马会计"等，而"名字＋职业"的称呼会让人觉得关系更加亲切。

学位称呼

一般我们只对拥有高学位的人使用学位称呼，如"彭博士"。学位称呼有助于增加被称呼者的权威性，所以在称呼时，也可以把学位具体化，如"法学博士彭××"。

称呼的注意事项

在职场中，绝对不能使用像"喂""嘿"这样不礼貌的词汇称呼他人。同时，还要注意五个要点。

不可乱用生活中的称呼

在正式场合中，不能使用像"张姐""王哥"这类生活化的称呼，也不要使用"美女""帅哥"这种给人感觉很轻浮的称呼，否则会给人留下随意、企业不专业的印象。

不可过于随便地称呼

在我国的职场中，人们经常会使用"老王""小刘"这样的称呼。但作为职场新人，千万不要使用"小"字辈来称呼他人。领导喊同事"小王"不代表我们也可以这样喊，要结合自己的角色选择正确的称呼。

不可使用绰号进行称呼

很多人小的时候喜欢给别人起绰号，或者拿别人的身体特征、姓名谐音乱开玩笑，如胖子、瘦子、野兽等。其实，不管是在职场，还是在日常交往中，使用绰号都是非常不礼貌的行为。

注意特殊姓氏的称呼

遇到复姓或一些多音字姓氏时，我们要多加小心，例如，不能称复姓"欧阳"的人为"欧先生"，"查"作为姓氏要读"zhā"而不能读"chá"。为了避免这种情况的发生，我们要事先做好准备。

如果是临时遇到特殊姓氏的人，也可以虚心请教。例如，可以说"您的姓氏很特别、很少见"，在这种情况下，对方一般会主动自报家门。

注意称呼的读音禁忌

当一些姓氏和具体职务搭配称呼时，就会产生歧义，比如"符总"其实不是副总经理，而是姓"符"的总经理。遇到这种情况时我们应该如何称呼呢？其实最好的方法就是省略姓氏，直接称呼其职务"总经理"，或者在特别正式的场合用"姓名＋职务"进行称呼，如"符××总经理"。

获取称呼的方法

职场新人可能会对如何称呼对方，或者如何获得对方的信息而感到迷惑。这里给大家推荐两个方法。

方法一：主动介绍自己，以换取对方的信息。

当想要认识一个陌生人时，我们可以先主动介绍自己，再询问对方的信息。例如，我们可以说："您好，我是销售部的×××，请问该如何称呼您？"

需要注意的是，在介绍自己的时候，我们最好先告知对方自己希望被称呼的方式。

方法二：先向熟悉的人打听，再与对方交流。

在有些情况下，直接上前自我介绍可能有些仓促，我们也可以先向周围熟悉的同事打听一下："那位穿着深灰色西装的先生是谁？"在了解情况后，再过去和对方打招呼。

记住对方的名字

美国前总统富兰克林·罗斯福认为，记住别人的名字，是一个最简单、最有效也是最实用的获得别人好感的方法，因为每个人都会对自己的名字感到骄傲。别人记住我们的名字，我们会感受到被尊重；反过来，我们记住对方的名字，也会收获同样的效果。

记名字的窍门

窍门一：多多重复对方的名字，反复加强记忆。

在交往过程中，我们可以多重复对方的名字，比如说"很高兴认识你，×××""您说得太对啦，×××"。这种以名字结束的对话方式，不但可以帮助我们加强记忆，也会给对方留下积极的印象。

窍门二：把对方的名字和其他人、事、物进行关联，产生联想记忆。

例如，联想到对方的名字和自己喜欢的某个商业大咖很相似，或是对方的姓氏和自己喜欢的某个物品有关联等，都可以帮助我们记忆。在联想的过程中，联想得越特别，记住对方名字的概率就会越大。

同时记忆多人的名字

在商务会谈中，我们可能会同时认识很多新面孔。在记忆名字时，一定不能搞混。

我曾经看见过一位领导在会谈时会按照每个人的座次把名片摆放好，在与某人沟通前，他会先看一下对应的名片，再与对方交流。这样的方法，不但可以加强名字的记忆，还可以减少因为称呼错误而引起的不愉快。

化解称呼错误

在职场中，我们也会遇到叫错对方名字的尴尬。其实称呼错误也不是不可弥补的，我们可以说："真的不好意思×××，我的记忆力真的太差啦"或者"对不起，×××，您总是让我想起一位好朋友"等。完美的道歉也是人际交往中建立关系的法宝。

- 在正式的商务场合中，最好使用职务称呼。
- 对女性使用"女士"这个称呼是最不容易出错的。
- 记住对方的名字是最简单、最有效也是最实用的获得对方好感的方法。

任务达标

扫描下方二维码，观看慕课视频，完成测试。

慕课"称呼"

测试

思考：如果对方总叫错我们的名字，应如何既礼貌又不尴尬地化解呢？

19 建立联系的第一次触碰

> 每一个行为都应该尊重在场的所有人。
> ——乔治·华盛顿

在与人会面时,我们除了使用语言问候外,往往还要伴有表示友好和尊重的动作问候。

握手是世界上使用频率最高的见面礼。所以,往往和他人建立联系的第一次触碰,都是从握手开始。美国著名盲聋女作家海伦·凯勒曾在书中写道:"我接触过的手,虽然无言,却极有表现力。有些人的手能拒人千里之外,……也有些人的手充满阳光,当他们伸出手来与你相握时,你会从内心感到温暖。"那么握手时,我们应该如何体现出自己的修养和对对方的尊重呢?

握手的主动权

很多人初入职场时,为了表达自己的主动和热情,在会面中往往会选择先伸出手与对方相握,但这样的热情却可能让对方感到尴尬。因为握手的优先决定权通常应该由尊者掌握,也就是尊者先伸手。

在商务场合中,职位、身份决定了握手的主动权;而在社交或休闲场合中,握手的主动权则主要取决于年龄、婚姻状况等。例如,上级和下级握手,上级先伸手;长辈和晚辈握手,长辈先伸手;已婚者与未婚者握手,应由已婚者先伸手。

握手的主动权也会有一些特殊的情况,如主人与客人之间、男士与女士之间。

主人与客人之间

在接待来宾时,无论双方的职位高低,主人都可以先伸手,以表示对客人的热情欢迎;而在客人告辞时,往往是由客人先伸手与主人相握,表示感谢、再见。

男士与女士之间

在正式的商务场合中,我们强调的是男女平等,因此男士和女士都可以主动握手。而在社交场合中,通常女士有主动选择是否与对方进一步交往的权利,因此握手的主动权由女士掌握。如果女士没有握手的意思,男士则只需向女士点头或微微鞠躬致意就好。

在大多数国家和地区,主动发出握手邀请的女士,会被认为是谦虚、大方、思想开明的,会给对方留下更好的第一印象。

握手的方法

大家是否曾经遇到过和握手有关的问题?例如,两个人距离太近无法伸手相握,握手时看着对方觉得很不好意思,不知道合适的握手力度和时长等。其实,掌握握手的方法后这些问题就都

可以解决了。

握手的姿势

握手时，双方距离 0.75~1m，双腿立正，上身略向前倾 15°，伸出右手，四指并拢，虎口相交，拇指张开与对方相握，如图 5-1 所示。两手相握时停留 1~3 秒，随后松开，恢复原状。

图 5-1　握手的姿势

握手的神态

与人握手时，应当神态专注，面带微笑，目视对方的双眼。切勿三心二意、敷衍了事，甚至让人觉得傲慢冷淡。

迟迟不握他人早已伸出的手，或是一边握手一边东张西望，甚至忙于跟其他人打招呼，都是极不礼貌的行为。

握手的手位

在握手时，手的位置至关重要。在商务场合中，与人握手，建议握全掌（如图 5-2 所示），因为这代表了对对方的尊重。很多男士会以为与女士全掌相握不太好，而选择只握指尖，但这种"死鱼式"的握手方法反而会让职业女性感到不被尊重。所以异性间握手，即使不握全掌，也要握到对方手指与手掌之间的骨节位置。

图 5-2　全掌握手姿势

单手相握时,最好采用"平等式握手",即与人相握时,手掌垂直于地面。这种握手方式是商务场合最常用的,表示双方地位平等。如果想表达对对方的恭顺和歉意,可以手心略微向上;如果手心略微朝下,则会给对方制造一种强势的感觉。

双手相握是在单手相握后,再用左手握住对方右手的手背。这种方式适合于久别重逢的亲朋故友之间,用以表达深厚情谊。有些人还会选择在握手时用另外一只手去扶对方的肩膀或手臂,如当上级对下级表示关心的时候会采用这种"拍肩式"的握手方式。但需要注意的是,初识者或异性之间不适合采用双手相握的方式,因为它有可能被理解为讨好或失态。

握手的时长

握手的时间长短可以因人、因地、因情而有所区别。通常来说,握手的时间控制在3秒以内较为合适。尤其是在和异性握手时,时间不能太长。如果是和老朋友或关系亲密的人握手,时间可以控制在20秒以内。在多人聚会时,不宜只与某一人长时间握手,以免引起他人的误会。

握手的时长还与不同文化有关,例如在与法国人握手时,时间不要过长,他们很不习惯上下晃动式的握手,这与中国的握手礼有些差别。

握手的力度

与人握手时,力度要适中,对方用多大力,我们就用多大力。虽然听起来有些被动,但却可以掌控握手的主动权。如果非要给出一个力度,假设10级为最高,我们会建议采用7级的力度。男士与女士握手时,不可用力过大,以免握痛对方。

在德国,握手的力度代表了对对方的尊重和重视程度,力度越大代表着越尊重、重视对方。所以在与德国人握手时,可以适当加大握手的力度。

握手的场景

握手不仅仅是一种见面礼,在表示欢迎、欢送、祝贺、感谢、理解、支持的时候都是可以使用握手礼的。

但有些情况是不适合握手的。例如,对方手部有伤,对方手里拿着较重的东西,对方与自己距离较远,或者是对方正在打电话、用餐、主持会议、与他人交谈时,都不适合用握手礼。当然,当自己的手不干净时,也不适合与对方握手,这时,我们应该亮出手掌,并向对方表示歉意。

握手的注意事项

无论握手礼是如何演变而来的,握手时我们都需要注意五大事项。

不要拒绝握手

在任何情况下,拒绝和别人握手,都是有失身份的。即便对方忽视了握手礼的先后顺序首先伸出了手,都应看作是友好、问候的表示,应马上伸手相握。

不要用左手握手

尤其是在阿拉伯、印度、东南亚等国家,左手被认为是不干净的,所以不要使用左手握手。

职场礼仪

不要交叉握手

四个人会面时,应避免出现交叉状握手,这在很多国家被认为是不吉利的。

不要坐着握手

向他人行握手礼时,正常情况下都应起身站立。因为站着比坐着更有力量,这是对自己的尊重,也是对对方的尊重。

不要戴着手套、帽子、墨镜握手

只有女士在社交场合戴着薄纱手套握手是被允许的。与人握手,应把手套、帽子摘掉,表示友善和尊重。戴墨镜握手,会有拒人于千里之外的感觉,也不推荐。

握手礼是商务场合中最常用的礼节之一,是一个并不复杂却十分微妙的礼节。我们应该本着"礼貌待人,自然得体"的原则,灵活地掌握和运用握手礼,以显示自己的修养和对对方的尊重。

小贴士

- 握手的优先决定权在尊者,也就是尊者先伸手。
- 除非对方的身份、地位高不可攀,否则女士都可以选择先伸手。
- 握手时可以记住口诀:虎口相交、面带微笑、目视对方、力度七分、三秒结束。

任务达标

扫描下方二维码,观看慕课视频,完成测试。

慕课"握手"

测试

思考:大家怎么看待"死鱼式"握手,你会使用或接受这种握手方式吗?

20 有力量的"温度"

> 礼者,因人之情,缘义之理,而为之节文者也。
> ——《管子·心术上》

拥抱被认为是人与人之间距离最近的一种礼仪行为之一,拥抱可以让我们感受到握手时感受不到的一种"温度"。在很多国家,第一次见面时人们以握手表示欢迎,但多次会面后,迎接的礼节很可能从握手转为拥抱,因为拥抱更能表达出激动、开心的心情。

拥抱的场景

拥抱礼和握手礼一样,也广为流行,特别是在中东欧、阿拉伯、大洋洲、非洲与拉丁美洲的许多国家,拥抱是十分常见的见面礼与道别礼。但在东亚、东南亚国家,人们却很少使用拥抱礼。

除了迎送,在庆典、仪式等较为隆重的场合,或者表示慰问、祝贺、欣喜时,拥抱礼也十分常见。但在某些特殊的场合,如谈判、检阅、授勋等,则不太适合使用拥抱礼。

拥抱的方法

行正式的拥抱礼,两人应相对而立,各自上身稍稍前倾;左脚在前,右脚在后,重心放在左脚上;左手在下,右手在上,左手环对方右腰部位,右手环对方左肩部位,如图5-3所示。

拥抱的对象

在欧洲、美洲、大洋洲,拥抱是一件很日常的事情,男女老幼之间均可采用拥抱礼;在亚洲的绝大部分国家,人们使用拥抱的频次较低,即使使用,一般也是在同性之间;而在阿拉伯国家,与异性在大庭广众之下拥抱是绝对禁止的。

图 5-3 拥抱礼

拥抱的注意事项

在正式的外事接待场合,行拥抱礼的对象多为男士,对女士则应行握手礼。

行拥抱礼时,应事先了解对方是否接受此种礼节,在不了解的情况下不可贸然使用。像英国、芬兰、印度和日本等国家的人们都不习惯用拥抱来表达感情。

进行礼节性的拥抱时,双方的身体不用贴紧,控制好拥抱时长,不能用嘴去亲吻对方的面

职场礼仪

颊，同时也不能离得太远，不能翘臀。

男士和女士互相行使拥抱礼时，男士要注意距离的把握；女士则要注意不要将口红蹭到男士的衣物上，以免引起不必要的误会。

拥抱时，切记"左手在下，右手在上"和"贴右颊"，否则有和对方碰头的危险。像双手抱住对方的腰部或者搭在对方的肩上这种亲密姿势的拥抱，是非常不适合职场的。

拥抱是无声的语言，拥抱是最简单的接受与认可。拥抱的时候，是彼此被需要的时候，而被别人需要是一个人最有价值的时候。因此拥抱的"温度"表达了一种最真实的情感，会给人带来力量。

- 我国职场中的拥抱，一般只适合熟人之间。
- 异性之间的拥抱，男性不要太积极；女性如果无法接受拥抱礼，请及时主动行握手礼。
- 拥抱时，左脚在前，右脚在后；左手在下，右手在上。

任务达标

扫描下方二维码，观看慕课视频，完成测试。

慕课"拥抱"

测试

思考：在哪些场景或者情况下，拥抱可以传递力量和"温度"？

21　入乡随俗的见面礼

> 百里而异习，千里而殊俗。
> ——《晏子春秋·问上》

随着国际贸易的发展和国际文化的交流，跨文化沟通变得越来越普遍。在涉外交往中，不论是在正式场合，还是在非正式场合，同外国友人相见，讲究礼节、注意礼貌、遵守礼仪规范，已成为现代文明社会生活的一项重要内容。所以，入乡随俗的见面礼也是调节和增进彼此关系不可缺少的润滑剂。

鞠躬礼

鞠躬礼起源于中国，既适用于或庄严肃穆或喜庆欢乐的仪式，也适用于一般的社交和商务场合。

鞠躬礼的使用场景

在职场中，主人对客人、下级对上级、晚辈对长辈，或者在演讲、领奖、表示感谢和回礼时，都可以使用鞠躬礼。通常，我们使用 15°～90° 的鞠躬礼。

鞠躬的幅度要视具体场合和对象而定。在与同事打招呼时，15° 轻微地鞠躬即可；见到上司或迎送客人时，可以使用 30° 鞠躬礼；在表达感谢或道歉时，45°～90° 的鞠躬礼更为合适。图 5-4 为 15° 和 30° 的鞠躬礼示意图。

图 5-4　鞠躬礼

需要注意的是,除非是参加葬礼,否则不要轻易使用三鞠躬。在一些亚洲国家,比如日本、韩国,鞠躬礼也非常普遍;尤其在日本,鞠躬礼是最讲究的。

商务鞠躬礼的行礼方法

行鞠躬礼前,应将帽子摘下,立正站好,身体端正,面带笑容,目视受礼者,双方距离以两三步远为宜。男士的双手应自然下垂,贴放于身体两侧裤线处;女士的双手应搭放在腹前。

行礼时,以腰部为轴,上身向前倾斜,背部挺直,视线也随之自然下垂。弯腰速度要适中,身体前倾到位后,需停留几秒后再抬头直腰。

需要注意的是,行礼时的目光应由看向对方慢慢转为看向下方。礼毕时,目光应再次看回受礼者。在行鞠躬礼时,动作可以放慢一些,这样会令对方感觉很舒服。

合十礼

合十礼流行于泰国、缅甸、老挝、柬埔寨、尼泊尔等东南亚、南亚国家,原是古印度的一种礼法,后发展成全民性的见面礼。

行合十礼时,身体直立,面对受礼者,注视对方,面带微笑,双掌合于胸前,十指并拢向上,手掌稍向外、向下倾斜,指尖置于胸部或者口部,微微低头,以示敬意,如图5-5所示。

遇到不同身份的人,合十礼的行礼姿势也有所不同。指尖放置的位置越高,表示对对方的尊敬程度就越高,但原则上指尖不可高于额头。

晚辈向长辈行礼时,两掌相合后,两手举至脸部,两拇指靠近鼻尖,指尖举至前额。男行礼人的头要微低,女行礼人除了头微低外,还需向前跨一步,身体略躬,如图5-6所示。而长辈还礼时,只需双手合十放在胸前即可。

图5-5 合十礼　　　　图5-6 拜见长辈时的合十礼

拜见僧人、国王或王室重要成员时,男女行礼人均须跪下,双手合掌于两眉之间,头部俯下,以示恭敬虔诚。

拱手礼

拱手礼已有两三千年的历史了，是最具中国特色的见面问候礼仪之一。现在拱手礼主要适用于过年时的团拜，向亲朋好友表示感谢，向长辈祝寿，向朋友结婚、生子、乔迁和晋升等表示祝贺。2008年北京奥运会的吉祥物之一——福娃晶晶采用的就是拱手礼的造型。

行拱手礼时，应双腿站直，上身直立或微俯，双手抱拳，举至胸前，有节奏地晃动两三下。需要注意的是，男子应左手在外抱住右拳，女子则正好相反，如图5-7所示。

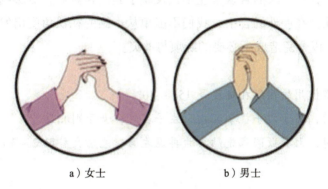

a）女士　　　　b）男士

图5-7　拱手礼

行拱手礼时，除了要记住男女有别之外，还要注意服饰的搭配。比如拜年时行拱手礼，最好穿着中式服饰。

吻手礼

吻手礼是欧美上流社会异性之间的一种最高层次的见面礼仪，在法国、波兰和拉丁美洲的一些国家里，向已婚女士行吻手礼，是男士有教养的表现。在英国和德国，男士在正式场合行此礼仪，表示对女士的敬意和感谢。

行吻手礼时，男士应走到女士面前距离约80cm处，立正欠身致敬。女士将右手轻轻向左前方抬起约60°，男士以右手或双手轻轻抬起女士的右手，同时俯身弯腰以自己微闭的嘴唇象征性地轻触一下女士的手背或手指，或者自己的拇指。

若女士身份地位较高，男士行礼时要单膝半跪。行吻手礼时的动作要稳重、自然，不发出"吮"的声音，也不要留下亲吻的"痕迹"。

在跨文化会面中，如果女士先伸手做下垂状，男士可将其指尖轻轻提起吻之；如果女士不伸手，则不需要行吻手礼。

贴面礼

在欧洲，我们经常会看到朋友见面打招呼时，会相互"亲吻"脸颊，其实这种问候礼仪在法语中叫"BISOUS"，即贴面礼。贴面礼最初是从法国兴起，它并非我们所理解的亲吻，而是一种普通的见面礼节。

其实，在法国也不是所有人都行贴面礼。贴面礼只在熟人或者虽不熟但感到亲切的人之间才

职场礼仪

使用。一般来说，女士之间或者男女之间行贴面礼较多，但在法国南部、比利时的法语区，男士之间偶尔也会行贴面礼。在商业场合或者较正式的场合中，除非双方是老朋友，否则最适用的见面礼还是握手礼。

在行贴面礼时，并不是真的去亲吻对方的脸颊，而是双方脸颊轻贴，嘴里同时发出"啵啵"的亲吻声音，声音越大表示越热情。

每一个地方都有特别的风土人情和文化习俗，而"入国问禁，入乡随俗"已成为涉外礼仪的准则。在跨文化交往中，一个人的言谈举止不仅反映了其内在修养，更影响了企业、民族甚至国家的形象和荣誉。因此，在涉外场合中，我们不能单从本国的礼仪角度出发，而应当通晓当地的风俗习惯和忌讳禁事，以避免造成不必要的麻烦与冲突。

- 职场中最常使用的鞠躬礼幅度是 15°~30°。
- 行拱手礼时，男子右手握拳在内，左手在外；女子则相反。
- 行贴面礼时，大多数国家先贴右脸再贴左脸，左右交替贴 2~3 次。

任务达标

扫描下方二维码，观看慕课视频，完成测试。

慕课"涉外礼"

测试

思考：当我们来到一个陌生的国家，怎么做可以在最短的时间内了解当地的礼仪？

22 正式亮出身份

> 如果你要使别人喜欢你,如果你想让他人对你产生兴趣,
> 你必须注意的一点是:谈论别人感兴趣的事情。
> ——戴尔·卡耐基

如果说握手让他人在触觉上感受到了一个人的风格和气度,那么握手后的自我介绍,就是正式亮出身份,告诉别人"我们是谁"的关键时刻。在做自我介绍时,需要选用恰当的方法,注意介绍的顺序,掌握介绍的分寸。

自我介绍的方法

根据不同的场合和目的,自我介绍可以采用应酬式、公务式、沟通式和礼仪式四种方法。

应酬式

应酬式自我介绍适用于某些公共场合和一般性的社交场合。当我们并没有与对方深入交往的愿望,或者只是礼貌性地接触时,我们只需要介绍自己的名字即可。

公务式

公务式自我介绍主要适用于工作或商务场合,以工作为自我介绍的中心,因工作而交际,因工作而交友。在自我介绍时,应包括本人姓名、工作单位及部门、职务或从事的具体工作等事项。

沟通式

如果我们希望与对方第一次见面时就让对方记住自己,以便建立进一步的深入交往与沟通,在介绍时,除了自己的姓名、工作以外,还可以提及籍贯、学历、兴趣以及与对方某些熟人的关系等。

礼仪式

礼仪式的自我介绍适用于讲座、报告、演出、庆典、仪式等一些正式而隆重的场合,以表达对对方的友好和敬意。介绍内容包含姓名、单位、职务等,同时还应多加入一些适当的敬语。

自我介绍的次序

在礼仪的世界里,次序很重要。同样,自我介绍也是有次序的,我们遵循"尊者有先知权"的原则。也就是说,职位高者与职位低者相识,职位低者应该先做自我介绍;长辈与晚辈相识,

 职场礼仪

晚辈应该先做自我介绍；男士与女士相识，男士先自我介绍；已婚者与未婚者相识，未婚者先做自我介绍。

自我介绍的注意事项

在自我介绍时，我们还需要注意以下几个事项。

把握好介绍的时间点

尤其在拜访陌生人时，应注意时间点的选择，先向主人问好，然后简洁、清晰、明确地介绍自己。

把握好介绍时的面部表情

在自我介绍时，要面带微笑，充满自信，保持亲切、大方、自然的态度，要善于用眼神表达自己的诚意。

把握好介绍的语音、语速和语调

自我介绍要吐字清晰，做到自然、适中、和谐，让对方产生好感。

把握好介绍时间的长短

应酬式的自我介绍一般比较简短，而礼仪式的自我介绍可以相对较长一些，但一般也不会超过3分钟。

用故事介绍自己

2019年中央广播电视总台主持人大赛中的三分钟自我展示项目，让我印象深刻。作为一名大众评审，我发现最能吸引我的是那些会用故事介绍自己的主持人。我们一生中，都在不断地介绍自己、展示自己。一个会讲故事的人的介绍往往会更生动，更易打动人，也更能让人深入地了解并记住自己。

10秒，给自己的名字加一个主题

如果我们只有很短的时间进行介绍，那么最简单的方法就是利用谐音或联想在自己名字上增加一个主题，比如在主持人大赛中，我最喜欢的主持人——邹韵在自我展示的开场白中是这样说的："我是邹韵，谐音'走运'。"

一分钟，给自己的经历加点细节

在一分钟的自我介绍中，除了增加主题外，还需要用到细节法：先找出自己突出的特质，比如姓名、工作、职务、性格、爱好等，然后为每个特质增加便于记忆的细节。

三分钟，运用四大元素讲一个生动的故事

如果时间允许，我们可以在自我介绍中加入情节、情感、细节和主题的元素，设计出一个生动的故事。推荐大家学习一下2019年中央广播电视总台主持人大赛中邹韵在三分钟展示环节的讲话。一旦掌握了用故事介绍自己的奥妙，我们就会成为真正的自我营销高手。

自我介绍是日常交往和商务场合中相互了解的基础方式,是人际交往的桥梁。自我介绍可以加深对彼此的印象,增强好感,创造良好的沟通机会,迅速融入新环境中。

- 自我介绍的目的是让对方对自己产生兴趣,并记住自己。
- 自我介绍时,位低者先开始,遵循"尊者有先知权"的原则。
- 要把握好自我介绍的时长,语速适中,面带微笑。

任务达标

扫描下方二维码,观看慕课视频,完成测试。

慕课"自我介绍"   测试

思考:如何完成让对方印象深刻的自我介绍?

23 做好双方的桥梁

> 己所不欲，勿施于人。
> ——《论语·颜渊》

从出生的那一刻开始，我们每时每刻都有可能会被介绍给他人，然而大家有没有认真思考过，怎样的介绍方式才是我们喜欢的呢？其实在职场中，为他人做介绍是帮助两个陌生人认识彼此的重要开端，也是帮助双方建立沟通桥梁的重要方式。

介绍人的礼仪

介绍人的礼仪主要包括谁担任介绍人、介绍人的姿势、介绍他人的次序和介绍他人的方法。

谁担任介绍人

在正式的商务活动中，一般由地位身份较高者、工作的主要负责人、熟悉双方情况者或专职人员（如文秘、公关、办公室接待人员）担任介绍人；而在社交活动中，介绍人一般由东道主、长者来担任。

介绍人的姿势

介绍人无论介绍哪一方，手势动作都应保持文雅。具体姿势为：手心朝上，四指并拢，拇指可微微张开，胳膊略向外伸，指向被介绍的一方，并向另一方点头微笑。

介绍他人的次序

介绍他人和自我介绍一样，遵循"尊者有先知权"的原则。也就是说，应优先将职位低者介绍给职位高者，将晚辈介绍给长辈，将男士介绍给女士，将同事介绍给客户，将主人介绍给客人，将家人介绍给同事或朋友。

但需要注意的是，在职场中如果被介绍者之间符合其中两个以上的顺序，我们需要遵循"职位高于年龄、高于性别"的原则。

介绍他人的次序绝对不是可有可无的形式问题，而是涉及个人修养、组织形象，以及商务合作是否能顺利达成的问题。所以我们一定要按照礼仪规范介绍他人。

介绍他人的方法

介绍他人的方法和自我介绍的方法有些类似，也分为四种。

方法一：简单式。

简单式适用于一般的社交场合，介绍他人时只需要介绍双方的姓名。比如"让我来介绍一下，这位是×××，这位是×××。"

方法二：公务式。

公务式以介绍双方的姓名、单位、部门、职务等为主，这种介绍他人的方法适用于正式的商务场合。例如，"请允许我为两位互相介绍一下。这位是 A 公司工程部主任李 ××，李主任。这位是 B 公司人事部经理王 ××，王经理。"

方法三：推荐式。

推荐式是介绍者经过精心准备后，再将某人举荐给另外一个人。介绍时，通常会对前者的优点加以重点介绍，也适合比较正式的商务场合。例如，"这位是张先生，这位是李经理。张先生是留学德国的工程学博士。李经理，我想您一定有兴趣和他聊一聊。"

方法四：礼仪式。

礼仪式是一种最为正规的商务介绍，其语气、表达、称呼都更为规范和谦恭。例如，"李女士，您好！请允许我把 A 公司的工程部主任王 ×× 先生介绍给您。王先生，这位是 B 公司人事部经理李 ×× 女士。"

被介绍人的礼仪

在商务场合中，我们也会遇到被他人介绍的情况。当我们被他人介绍时，我们应热情大方，面带微笑，正对着对方。等介绍完毕后，可以点头致意或与对方握手，并说"您好，很高兴认识您"或"久仰大名，幸会，幸会"等客气话。如果需要，还可以与对方交换名片。

一般情况下，被他人介绍时，应起身站立；但如果是在会谈中或在宴会等场合，只需要略微欠身致意即可。

介绍团体的礼仪

介绍团体分为单向式和双向式两种基本形式。

单向式

单向式是指当被介绍的双方一方为一个人，而另一方为多人时，我们只需要把个人介绍给团体，而不必把团体里的每个人再介绍给个人。

双向式

双向式是指被介绍的双方都是多人组成的团体，而双方的全体成员都要被正式介绍。在商务交往或谈判中，双向式介绍比较多见。常规的做法是先由主方负责人出面，依照主方在场者职位的高低，自高而低地依次对其进行介绍；再由客方负责人出面，依次介绍。

其实介绍是一门学问，是进入社会的一把钥匙。出于"人人爱赞美"的心理，如果能够在介绍他人时，恰当、实事求是地体现出被介绍人的优势和特色，那不仅会让对方印象深刻，被介绍者也会记在心里，感激你。

职场礼仪

小贴士

- 介绍他人时，应恰当地体现出被介绍人的优势和特色。
- 介绍他人的次序应遵循"尊者有先知权"的原则。
- 介绍团体时，应先由主方负责人先介绍，再由客方负责人出面介绍。

任务达标

扫描下方二维码，观看慕课视频，完成测试。

慕课"为他人做介绍"

测试

思考：在介绍他人时，如何能把被介绍者介绍清楚的同时，又让被介绍者感受到我们的用心和赞美？

24 形象的第二张脸

> 人并不是因为美丽才可爱,而是因为可爱才美丽。
> ——列夫·托尔斯泰

名片是人与人初次见面的介绍卡,是人们用作交际、联系业务、结交朋友的一种介绍性媒介物。哈佛商学院的教授曾经告诉将要走入职场的学生:"不要小看你的名片,它是你的形象,它短短的身体上可能承载了你的未来!"

在现代社会中,即使网络时代到来,名片也没有被替代,因为它是一个人身份的象征,是个人职业形象的第二张脸。

名片内容的设计

名片的设计可以体现出一个人的审美、品位和个性。很多公司的名片是有统一的设计和规格的,因为名片不仅仅代表了个人形象,也代表了企业形象。

名片上一般包括姓名、职务、学位、职称、公司名称、标志、地址和联系方式。在内容设计上,我们需要注意以下三个要点。

不印两个以上的头衔

名片只标明最重要的和最主要的一项职务,其他次要的职务,不用一一列出,否则会给人炫耀的感觉。如果头衔比较多,必要时可以为每一种职务分别制作名片,以便用于不同场合。

只标注高学位和高职称

学位和职称是学历与资历的象征,如果学位和职称不高,则建议不要在名片中体现。

不提供私宅电话

名片中应标注办公室电话、传真号码和办公手机号码,而不需要提供私宅电话。随着网络时代的到来,电子邮箱、QQ或者微信号也可以作为联系方式选择性地印到名片上。

使用名片的时机

在商务交往中,若想通过使用名片达到最好的效果,一定要把握好出示名片的时机。通常情况下,适合发放名片的时机有希望认识对方、被介绍给对方、对方向自己索要名片、对方提议交换名片以及初次登门拜访时。在实际操作过程中,还必须注意五个要点。

要点一:出差或者出席重大的社交活动时,一定要随身携带名片。

要点二:发放名片可选择在刚见面时,或在告别时。

要点三： 对于陌生人，不要过早地发送名片，有推销的嫌疑。
要点四： 无论是参加私人聚会或商业宴会，名片都不应该在用餐时发放。
要点五： 名片务必要在双方均想结识对方并想互相联系的前提下才递出。

人脉的积累靠的是自身的价值，而不仅仅是一张名片。所以在使用名片前，请先打造好自己，拿出成绩，只有这样，我们的名片才会变得更有价值。

名片递送的礼仪

递送名片前的准备

递送名片前，应事先准备好名片，并放置在公文包的专用名片夹里或西装上衣内测口袋等易于拾取的位置。

切勿把名片放在钱包或裤袋里，也不要乱放名片，以免左翻右找，因为左翻右找既显得不礼貌，也给对方一种忙乱、不专业的感觉。

递送名片时

递送名片时应起身，上身呈15°角鞠躬状，面带微笑，名片正面朝向对方，用双手的拇指和食指分别握住名片上端的两角，恭敬地送到对方面前，递送名片的姿势如图5-8所示。

递送名片时，目光要专注，不可游移或者漫不经心。最好在递送名片的同时增加一些语言，比如"您好，我是×××，这是我的名片，请多多指教"。

如果自己的名字有些难读或者有特别的读法，在递送名片时最好做一下说明，帮助对方记忆。

图5-8 递送名片的姿势

递送名片的次序

递送名片时，应遵循"尊卑有序"的原则，即由地位低的人先把名片递给地位高的人，如下级先递给上级，晚辈先递给长辈，男士先递给女士，主人先递给客人。

当对方不止一人时，应先将名片递给职位较高或年龄较长者。如果分不清职位高低或年龄大小，可以依照由近而远、不跳跃的方式递送，也可采用沿顺时针方向依次递送的方法。

名片接收的礼仪

接收名片时

接收他人名片时应起身或欠身迎接，面带微笑，恭敬地用双手的拇指和食指接住名片的下方两角，如图5-9所示，并轻声说"谢谢"。

接过名片后，用30秒的时间认真地把名片上的内容看一遍，根据需要可以将名片上的重要信息读出

图5-9 接收名片的姿势

来，比如对方的职务、头衔、职称，以示仰慕，不认识的字应主动向对方请教。

存放名片时

看完名片后，应郑重地将名片放入名片夹或上衣内侧口袋里，并表示谢意。

名片不能乱放，如果是暂时放在会谈桌上，切记，不要在名片上放其他的物品，尤其是会把名片弄脏的物品，也不要将名片放在手中把玩。

会谈结束时，一定要记住带好名片，否则会让对方感觉不被重视，引起反感。

回赠名片时

接受名片后，应该马上回赠名片。回赠的礼仪和递送名片的礼仪是一样的。

如果没有或没带名片，应恭敬地说"对不起，我没带名片，下次带给您"或说"很抱歉，我的名片刚刚用完了"，而不能说"我没名片"或"我没有职务"等贬低自己或有损企业形象的话。

国际递接的礼仪

在我国，交换名片一般是双手递、双手接。但与外国人打交道时，不同国家递接名片的方式是有差别的。最好的方法就是多观察，先观察对方如何递接名片，然后再模仿。

西方人一般习惯用一只手（通常为右手）递接名片；而日本人喜欢用一只手接过名片的同时，再用另外一只手递上自己的名片。无论哪种情况，都应将名片正面朝向对方。

在这里还要提醒大家，收到名片后，应及时将名片分类、整理、收藏。可以按照接受名片的时间、地点、主题等进行分类，将相关的名片放在一起，方便以后开展工作。当然，也可以把名片扫描成电子名片，方便存放和管理。

名片是我们的第二张脸，所以不要在名片上乱涂乱改。有些人更换了电话号码或者晋升了新的职位，为了省事或者所谓的"节省"，直接在名片上涂改，这样会给人很不专业的感觉。

小贴士
- 递送名片遵循"尊卑有序"的原则，即位低者先把名片递给位高者。
- 递送名片时，观察意愿、把握时机、讲究顺序、方法正确。
- 接受名片时，起身迎接、口头致谢、仔细阅读、回敬对方、放置到位。

任务达标

扫描下方二维码，观看慕课视频，完成测试。

慕课"名片"

测试

思考：如何不卑不亢地向对方索要名片或联系方式？

> **笔者分享**

人际圈的"松懈联系"

媛媛老师刚刚进入大学任职不久就被委以重任，担任了酒店管理专业的负责人。很多人都觉得我很幸运，天上掉了一个大馅饼。但对我来说，这个馅饼太重了。因为我并没有太多和企业打交道的经验，而作为专业负责人，了解市场对人才的需求，与企业建立深度联系，是不能推卸的工作和责任。

曾几何时，为了建立更多的校企合作关系，我不断地在给我的人际圈做"加法"，但其实我很讨厌那段日子，感觉拓展和经营这些人脉，让我喘不过气，我甚至怀疑自己是不是得了"社交恐惧症"。但后来在与一位企业朋友的认识和交往中，我对人与人的交流和如何维系人脉有了全新的认识。

他是深圳前海华侨城JW万豪酒店的总经理，我习惯叫他"大白"。在我第一次采访他的时候，我很好奇他是如何实现酒店开业第一年就盈亏持平的。结果他的回答却是："因为朋友"。大白说："我特别喜欢与人打交道，我有很多朋友。我走到哪里，我的朋友就会跟到哪里。"那次的采访，在关于"朋友"的各种"疑问"中结束了。虽然他并不会中文，但我们还是友好地加了微信。

过了很久我们都没有联系。突然有一天，我收到了他的微信，内容很简单，却让我很感动。那天我发了一条朋友圈，配图是一张有些模糊并且很难找到的照片，结果他发了一组特别清晰的类似照片给我。在那一刹那，我突然意识到，社交并不恐惧，恐惧的是我们没有选对方法，没有用心观察，没有表达善意和赞美，没有理解对方到底需要什么、喜好什么……

谷歌前高管凯伦·维克尔曾在《如何在工作中建立人际网络：给内向者的社交指南》一书中提到"无压力社交"和"松懈联系"两个概念。维克尔认为，想要克服对建立人脉的恐惧，关键是如何在不需要特定帮助的时候，间歇性地和一些人保持联系；这就要求我们成为给予者，而不仅仅是接受者。比如，时不时地和自己的朋友或者熟人打个招呼、寒暄几句；当我们看到一篇朋友可能会喜欢的文章，转发给他，并附带一句简单的问候语"这篇文章让我想起了你，最近还好吗？"

其实礼仪也要如此，我们应该努力学习成为给予者，让我们的人际圈变得更自然、更高效。

模块六 ❻
沟通联络礼仪

> 礼，时为大。
> ——《礼记·礼器》

礼仪迷思

很多人在生活和职场中非常害怕给领导、同事或客户拨打电话，觉得这样做很难为情；也有的人会在拨打电话时语无伦次，难以表达清楚自己打电话的目的；还有很多人，在与人沟通时，拿不准到底该如何选择沟通联络工具，也不清楚使用这些工具时应该注意哪些事项。

其实，只要掌握了电话、邮件、微信等沟通工具的基本使用礼仪，我们就不会在联络他人时感到害怕或纠结了。

25　让电话展示你的修养

> 有一种内在的礼貌，它是同爱联系在一起的，
> 它会在行为的外表上产生出最令人愉快的礼貌。
> ——约翰·沃尔夫冈·冯·歌德

在高速发展的商业社会，越来越多的商务交流是通过电话进行的。在会面之前，人们会通过我们接打电话的表现，对我们的性格、形象与职业素质进行无限的想象。在哈佛经理人培训课程中，"电话礼仪"已被列入职业经理人"必须要做的事情"中。不规范或缺少职业风范的接打电话方式不仅会影响个人的形象，也会影响到公司的商业信誉。因此，我们应该如同塑造我们的视觉形象一样，塑造我们接打电话时的职业形象。

拨打电话

正确地拨打电话应注意拨打的时机、时长和语序。

时机

所谓时机，就是电话应该什么时候打。给别人打电话时考虑拨打的时机是对人最起码的善意和尊重，也是确保沟通愉快的前提。按照惯例，通话的最佳时间有两个，一是对方方便的时间，二是双方预先约定的时间。

通常来说，上班时间是最适合打公务电话的时间，但尽量避开刚上班的半小时和临近下班前的半小时。如果是找朋友叙旧的休闲电话，最好选晚上或周末的时间拨打。

如果电话接通时对方正在忙，我们就可以改用预约时间的方式。比如当我们早上10点打电话时对方正在开会，我们可以说："那您先忙，我11点的时候再给您打过去，可以吗？"

预约的时间一定要尽量准确，少用"待会儿""回头""稍后""下午""过两天"这些字眼，准确的时间可以使双方心中有数。

约定好时间后，就一定要守时。很多人的工作比较繁忙，错过了约定的电话时间，他们可能又要忙其他的事情了。而且哪怕到了约定的时间对方还是不方便接听，态度也会客气许多。

时长

每次通话的时长也应该有所控制，以短为佳，少说废话。在电话礼仪中，有一个所谓的"三分钟原则"，即在打电话时，拨打人应当自觉地、有意识地将每次通话的时长限定在三分钟之内。倘若通话时间较长，应该事先征求对方同意，并在结束通话时为占用对方很长时间而表达歉意。

语序

语序是确保高效沟通的基础。在电话接通后，我们需要通顺地进行自我介绍，说清楚自己的单位、姓名以及想与谁通话等。

如果第一次拨打不熟悉的人的私人电话，我们还应该学会消除彼此的陌生感，如可以补充说，是通过谁介绍认识他的、曾在哪里见过面或交换过名片等。只有消除了陌生感，才能与对方融洽地交流，顺利达到谈话的目的。所以，调动一切可以帮助对方回忆的细节，拉近彼此的距离。永远不要像挤牙膏一样，对方问一句，我们答一句。

接听电话

在职场中接听电话时，我们需要注意四个礼仪原则。

及时接听

电话铃声响起，我们就应该放下手头上的工作，在响铃三声内接起，不然会给对方留下不专业的印象。需要注意的是，铃声才响过一次就瞬间接起，也会略显操之过急，让对方毫无心理准备。所以，最好是在第二次铃响后再提起话筒。

如因特殊原因致使铃声响了好久才接起电话，应该在通话之初向对方表示歉意，抱歉让对方久等。

礼貌应答

我们在接听每一个电话时都应努力给对方展示一个具有丰富经验、可以信赖的职业形象。

所以，当我们拿起话筒后，应先向对方问好，再自报家门。例如，我们可以说："您好！这里是××公司/部门，请问您找哪位/请问有什么可以帮助您？"接听电话时要聚精会神，语气谦恭友好，并随时准备做好记录。

如果接到误拨的电话，应耐心地告诉对方拨错了电话，而不能冷冷地说"打错了"，或者直接用力挂电话。

分清主次

接听电话的同时，不要与其他人交谈，也不要做看文件、吃东西等影响接听电话的事情。

若在接待重要客人或参加会议期间有人打来电话，接听后应向其说明情况、表示歉意，并承诺稍后再联系。

若正在与人交谈时有人打来电话，应先考虑一下是否需要马上接听。如果来电是办公室的座机电话我们应该马上接听，而如果是手机来电则可以根据重要程度决定是否接听。接听前应先向交谈对象致歉："对不起，请稍候片刻，我接一下电话。"在接起电话后，长话短说，尽快结束通话。当挂断电话后，应再次向交谈对象致歉。

若接听电话时，有另外一个电话打进来，应该与正在通话的一方说明原因，请其稍候片刻，然后立即去接另一个电话；待接通后，先请对方稍候或过一会再打进来，随后继续方才的电话。

职场礼仪

记得回电

及时回电会帮我们获得重要的业务，得到更好的职业发展机会。不回复电话，会给人留下冷淡的印象，让来电者觉得不受重视。

美国卡普兰·泰勒广告集团的总裁琳达·卡普兰·泰勒把职业上的成功归因于她所说的"积极的烙印"，即用积极的、礼貌的方式对待别人。她说："在我们的代理机构里，每个电话都会被回复，每份简历都会被答复。"

代接电话

在代接电话礼仪中，我们首先需要思考是否能代别人接听电话。

办公室座机

一般来说，办公室的座机是可以代接的。代接电话时，首先告诉对方，我们不是这部电话的主人，然后询问对方是否要转达消息。如果不需要，可以让对方稍后再打，或通过其他方式联系；如果需要，则要问清楚对方的姓名、单位、具体传达的事情和联系方式。

需要注意的是，代接电话时，不要过多地询问对方非必要的信息，如其与所找之人的关系等。在代为转达相关事宜时，要严守口风，切勿随意扩散，不要辜负他人对自己的信任。

私人手机

如果同事的私人手机一直在响，是否适合帮他代接呢？答案是否定的。因为手机不同于固定电话，是相对私密的物品，就像信件、日记本一样，没有经过主人的同意是不能够随便触碰的。

如果手机铃声一直不停地响，为避免影响他人，我们可以尝试以下两种处理方式。

方式一：如果手机是振动模式，我们可以把它放在报纸或比较软的物品上，这样振动时就不会发出太大的噪音。

方式二：如果手机没有调成振动或者静音，我们可以帮其关闭铃声，等同事回来后告知其及时回复。

结束通话

挂电话的顺序

接打电话时，到底由谁先挂电话呢？有人会说等对方先挂，但如果双方都在等对方先挂，也会很尴尬。

标准的做法是由位高者先挂电话。在职场中，上下级之间的通话，应该由上级先挂，以便下级确定上级没有其他的工作安排；在服务行业，往往都由客人先挂电话，以体现出服务者"以客为尊"的服务准则；在日常生活中，晚辈应该等长辈先挂，以表示对长辈的尊重；在社交场合中，男士应该等女士先挂电话，以体现自己的绅士风度。

如果通话双方的级别一样、性别一样、年龄一样，那应由谁先挂电话呢？这就要看电话的具体内容。如果是一方请另一方帮忙,那帮忙的一方就可以先挂电话;如果双方只是闲聊,那也别那么纠结,双方都说完"再见",就可以挂电话了。

挂电话的礼貌

即使我们与他人在电话中进行了愉快的交谈,没有得体地结束通话也会影响到我们的个人形象。

在挂电话前,我们常常会说"好的,那我们有事再联络""那我们保持联系""再见"等,在说完这些礼貌用语之后,我们需要给对方一些反应的时间再挂断电话。过于匆忙地挂断电话会让对方感到未被尊重,给对方留下为人强硬、不够友善的不良形象。

另外,通话结束后应轻轻放下话筒,用力过猛地"咔嚓"一声挂断电话也是不礼貌的。

使电话沟通更具魅力的良好习惯

用电话沟通时,养成下面四个好习惯可以让我们的沟通更具魅力。

保持微笑

据说某航空公司为了提升客户体验感,专门在电话接线员的桌子上放置一面小镜子,每当接线时看到镜中的自己,接线员就会不经意地流露出微笑,这样电话那头的客户听到的语调也更让人舒服。

说话时,略带微笑可以让我们的语调变得更动听。所以,无论是拨打电话还是接听电话时,即使看不到彼此的面容,也请保持微笑。

学会记录

打电话是一种时间有限、问答匆忙的对话方式,如果不对电话内容做记录,往往难以把握要点或者会有所遗漏。

为了确保自己的逻辑清晰、表达完整,最好在拨打电话前罗列一下通话的要点,这也是给领导或客户打电话时避免紧张的有用方法。

减少客套话

虽然在电话开场说一些客套话是中国人的习惯,但在讲求效率、信息瞬息万变的职场,电话沟通还是应该尽量言简意赅、直奔主题。

慎用免提

职场中通常只有电话会议才会用到免提。如果不是在独立的空间里,应尽量避免使用免提电话,因为声音过大,也会影响到其他同事的工作;打开免提时一定要提前告知通话对方,以免泄露隐私。

人的声音承载着大量的情感信息,当我们打电话时,听起来不友好、不配合或者有一些不当的电话行为,都可能导致沟通的失败。作为职场人士,我们应该时刻关注自己的电话礼仪。

小贴士

- 时机、时长、语序是拨打电话最重要的三个礼仪。
- 私人手机不可代接。
- 若出现不方便接听、正与人交谈或需要同时接听两个电话等情况,应及时向交谈者及电话另一端的人致歉。

任务达标

扫描下方二维码,观看慕课视频,完成测试。

慕课"电话礼仪"

测试

思考:如果同事需要我们代接一个重要的国际电话,接听后我们应该怎么做?

26 告别粗鲁的手机滥用者

> 礼貌使有礼貌的人喜悦，也使那些受人以礼貌相待的人们喜悦。
> ——孟德斯鸠

在当今社会，手机已成为人们生活中不可或缺的物品。很多人开玩笑说，手机是我们亲密的"伴侣"，无论贫贱富贵，无论健康疾病，都不愿与它分开。但在职场中，手机却是职场礼仪的最大威胁之一。除了要掌握前面说的电话礼仪外，我们要告别粗鲁的手机滥用者还应该从手机的使用场合、摆放、铃声、短信以及拍照五个方面着手。

手机使用场合

在所有扰人的手机使用行为中，"不分场合接听"是被提及最多的。所以我们应注意不同场合下的手机礼仪。

开会、听讲座、面试时

在参加会议、听讲座或参加面试时，我们应该把手机关机或调成静音状态，这是最基本的常识。

开会时不玩手机是对领导和会议最基本的尊重。若会议中有电话进来，可以不接听，并通过信息的方式告知对方正在开会；如果必须要接听，最好先离开会议室。

在公共场合

公共场合是不适合拨打和接听商务电话的。

在嘈杂的环境下有电话打入时，很多人的第一反应是找一个相对安静的地方接听电话，这种做法是正确的。但其实即使是相对封闭的空间也不太适合接听商务电话，因为这些公共空间虽然相对安静，但是不可能完全属于自己。我们最好通过信息告知对方现在不方便接听电话，并承诺之后回电。

如果是在剧院、电影院、音乐厅、美术馆、图书馆等安静的公共场所，建议把手机调成静音状态，避免手机铃声、短信铃声、微信铃声、打字声音等一切可能从手机里发出的声音。

此外，越来越多的人会用手机看视频、听音乐、玩游戏来打发上下班的通勤时间，但是在公共场合无论如何都不应将声音外放出来。

身边有人时

手机和电话座机最大的区别就是移动性，只要我们愿意，就可以随时随地使用手机。很多服务行业会规定上班时间不可以玩手机，甚至不允许带手机，其目的就是为了避免服务中因突然来电而怠慢了客人。

 职场礼仪

不要在别人注视自己或与别人交谈时使用手机。一边和别人说话，一边查看手机，是对面前人最大的不尊重。记住眼前的人永远比手机更重要。

用餐时

大部分人都有一个共识，就是认为吃饭的时候接打电话、玩手机是十分不礼貌的行为。

试想一下，当我们参加一个商务聚餐，一坐下发现所有的人都在低头玩手机，我们会有什么感受？所以，用餐时请收起手机。

开车时

很多人喜欢在开车时处理一些公务，打几个电话，因为车里是一个安静的、密闭的独立空间。然而，根据英国交通研究所公布的研究数据表明，开车时使用手机，大脑的反应速度比酒后驾车时慢30%；接打手机的年轻人驾驶车辆相当于70岁的老人驾驶车辆；开车接打手机发生车祸的风险比正常驾驶时高四倍以上。近年来，因驾驶时使用手机而酿成的交通事故屡见不鲜。因此，开车时不应接打电话或使用手机。

如果在开车时有紧急的来电，应在接听后告知对方自己正在开车，待到达后再回电；或者直接找安全的地方停车后，再专心接听电话。

另外，当我们知道对方正在开车时，也不要给其打电话。

手机摆放

很多人习惯把手机随意摆放，如果是在家里或者工位上还好，但在商务场合，手机的摆放是有讲究的。

在任何商务活动中，我们都不要将手机放在桌面上。通常，应该将手机放在公文包或者手包里；如果没有带包，则可以将手机放在身后等不太显眼的地方。

在不影响职业形象的前提下，我们也可以把手机放在外套的口袋里。很多男士喜欢将手机装在裤兜里，但这种做法并不太推荐，因为鼓鼓囊囊的裤兜会让人感觉不够专业和干练。

如果的确没有更合适的位置放置手机，那么将手机拿在手里即可，但不要一直使用或把玩手机。

手机铃声

如今，发达的网络给我们提供了很多有趣的手机铃声，或幽默搞笑，或怪诞整人，或时髦新潮，或怀旧经典。

手机彩铃一般分两种：一种是给打电话的人听的，另一种是给接电话的人听的。无论是哪种，在使用时都应注意铃声的设置。

作为职场人，我们应尽量呈现出稳重的职业形象。因此，最好不要使用怪诞、搞笑的铃声。在工作场合中，如果响起"爸爸，接电话""汪、汪"或是方言等铃声，不仅会显得不严肃，还会引起周围人的反感。

手机短信

在职场中，并不是所有的情况都适合拨打电话，手机短信也是很重要的沟通联络工具。

称呼与署名

一般情况下,发短信是要有称呼和署名的,尤其是给初次相识或并不熟悉的人发送,这样对方才会知道我们是谁。比如,"李先生,您好!您在我们公司预订的商品已经到货了,请您有空时来取。××公司职员 ×××"。

表达清楚,有针对性

短信的写作虽然并不讲究写法、结构,但是为了方便对方阅读,在短信发送前,应认真考虑,有针对性地编辑内容,并在两条信息以内表达清楚。

不发千篇一律的祝福短信

在我国,人们逢年过节有互送祝福的习惯,可一些千篇一律的祝福短信,已经成为现代人过节的一大困扰。有些甚至在转发时,连祝福对象的名字都没有修改,让收信人哭笑不得。还有一些无聊的恶趣味短信,比如在短信末尾写上"转发才幸福"之类的语言,也让人极其反感。所以,如果要送上祝福,就请自己认真地编写一条短信!

手机拍照

拍照是手机最常用的功能之一。无论是拍他人、拍风景还是自拍,都不要侵犯他人隐私。

在与他人合影或拍摄陌生人时,应先礼貌地征求对方的允许;看到他人在拍照时,应给予足够的礼貌和空间,不要贸然地走进镜头;在和伙伴们自拍时,不要只顾自己的形象,还要考虑每一位入镜者的角度和感受。

随着智能手机的不断普及和功能的多元化,人们无时无刻不在使用手机。但往往也因为过于专注在手机上,而忽视了身边的人和事。有人把手机滥用视为一种社交疾病,并认为这种疾病不可能在短期内痊愈。如果我们持续忽视手机使用的粗鲁行为,那么它所带来的压力和焦虑就会无止境地攀升。所以,我们更应该遵循手机礼仪,尽量减少不恰当使用手机的行为给他人带来的困扰。

小贴士
- 公共场合不适合拨打和接听商务电话。
- 面前的人比手机更重要。
- 特殊场合请关机或静音。

任务达标

扫描下方二维码,观看慕课视频,完成测试。

慕课"手机礼仪"　　　　测试

思考:回想一下自己平时在使用手机的过程中,有没有哪些可以避免的粗鲁行为?

27　e 时代的"人脉经"

> 礼之用，和为贵。
> ——《论语·学而》

电子邮件是大家非常熟悉的一种 e 时代联络工具，它是和客户、合作单位、同事等书面沟通的最有效的方式之一。它比信件快且便宜，不像电话那么扰人，对接受者来说也很方便，还可以存储信息。因为这些优点，电子邮件成为无数管理人士首推的沟通方式。

邮件适用场景

2017 年，华为公司以总裁办电子邮件的形式，向内部员工转发了《关于华为公司邮件礼仪的倡议》（以下简称《邮件礼仪 15 条》）。邮件强调："社交礼仪是人际交往、社会交往活动中，用于表示尊重、亲善和友好的首选行为规范和惯用形式。而邮件，作为企业内部重要的数字化社交手段，也要遵循一定的礼仪，避免垃圾邮件、无效邮件等浪费员工时间、消耗公司资源的问题，确保员工之间的高效沟通。为此我们倡议每一位员工提升邮件文明度，践行邮件礼仪，减少信息垃圾，共同创造邮件清洁环境。"

在《邮件礼仪 15 条》中，第一条是"沟通有多种方式，选择邮件沟通方式，请首先确认是否是最有效的方式"；第二条是"不要把信息群发或群回给不相关的人，没有人会对垃圾邮件感兴趣，除了邮件系统清洁员"。所以，在发送邮件前，我们要做的第一件事情，就是问问自己：这条信息或这件事情，适合或必须通过邮件来沟通吗？邮件被滥用或误用，不但不能提高工作效率，还可能成为一种工作负担。

通常来说，电子邮件可以用来进行简单的沟通，比如通知合同送达的时间，安排预约，跟进之前的谈话，或者发送文本附件等。而更重要的问题，比如讨论合作细则、建议书、与新客户沟通等，面对面沟通或电话沟通的方式会更有效。

如果收发双方就同一问题的交流回复超过三次，则说明这个问题不适合用邮件来进行沟通，此时应改用电话沟通的方式来解决。

另外，电子邮件虽然易于保存，但同时也很容易被复制、转发和打印。所以，如果需要和对方对接十分私密的信息，请选择面对面沟通。

撰写邮件

商务邮件不仅是工作的记录，还具有同时告知多人、传递附件的功能。在商务活动中，一旦双方发生纠纷，邮件可以作为法庭证据使用，所以养成良好的邮件写作习惯非常重要。写邮件的三个基本宗旨是效率、清晰、礼貌，在撰写邮件的每一个环节都要遵循这三个宗旨。

标题

标题往往是绝大多数人对于邮件的第一印象。邮件的内容是否重要,在标题上可以展现得淋漓尽致。华为《邮件礼仪 15 条》的第四条是"不作标题党,但邮件标题要保证让别人知道要做什么"。

一般来说,邮件标题应符合以下四个原则。

原则一:标题要简洁、干练,符合邮件正文内容。

邮件标题就是用不到 20 个字总结这封邮件的核心内容。像"你好""来自××公司""报价"都不是好标题;而"请审阅××公司关于 Y 项目的方案和报价"才是一个好标题。

原则二:标题绝对不可以为空。

不写标题的邮件一方面会增加收件人的工作负担,另一方面也很可能直接被当作垃圾邮件。即使是发给自己的邮件,如果没有标题,也不便于再次查找。所以一定要写标题。

原则三:标题可适当使用特殊符号,强化信息的重要性。

华为《邮件礼仪 15 条》的第五条写道"适当使用特殊字符(如"*""[]"等)突出标题,引起收件人注意,但不要随便使用'紧急'之类的字眼"。

原则四:在复杂的连续沟通中,不能一个标题用到底。

在多次回复的过程中,如果讨论的事情已经发生变化,要及时更换邮件标题。

称呼与署名

华为《邮件礼仪 15 条》的第六条是"若非众人皆知的超级大咖,你不应漏掉必要的称呼和落款"。

写邮件很忌讳没有称呼,不少人的邮件正文一开始就直接说事情,给人的感觉是"你应该知道我是谁""你都知道我是谁了,招呼就免了吧";还有些人会使用"你好!""您好"等问候语,但却没有明确邮件具体是给谁看的,这些都不符合礼仪规范。所以邮件的开头一定要问候,并准确地称呼收件人。

如果是给自己的上级写邮件,在措辞上要多用"您"来称呼对方,切不要直呼其名。如果是同事或者下属之间,为了不让对方感觉生分,尽量少使用明显区别关系的"你""我"等词语,而多使用"我们"这种表达团队精神的语言。

在称呼时,还应该加上"尊敬的""亲爱的"等敬语。在内容结束后,加上"祝好""一切顺利"等表达祝福的礼貌用语。

每封邮件的结尾不要忘记署名,这样对方才可以清楚地知道发件人的信息,方便后期联系。署名一般包括发件人的姓名、职务、公司、电话、传真、地址等,但信息也不宜过多。

正文

商务邮件一定要注意行文通顺、表达清晰、简明扼要。华为《邮件礼仪 15 条》的第七条是"说话做到简洁精炼可能较难,邮件做到简洁精炼很简单,因为,你有足够的时间思考"。每一个人的时间都很宝贵,尊重别人的时间也能赢得别人的尊重。因此,在撰写邮件时,我们要学会把复杂的事情简单清晰地表达出来。

对于职场人,接触最多的邮件类型便是需求类邮件。无论是上级给下级安排工作,还是请求

职场礼仪

上级或者其他人员支持，这些内容的邮件都可归为需求类邮件。需求类邮件的目的就是希望对方采取相应的行动，实现自己期待的目标。因此，需要在邮件中给予对方明确的指引，明确要求对方什么时间，完成什么工作，如何做，需要达到什么效果，按照"4W1H"的原则撰写邮件。

总之，一封好的邮件正文，应该逻辑清楚、言简意赅，可以运用数字对所写内容进行排序。更出色的邮件，会将复杂的事情分成几部分，每部分下面还会有不同的小点，并以紧急、重要程度进行排序。同时，将不可遗漏的核心内容用粗体或其他颜色标注出来，使整封邮件变得层次分明、重点突出。

附件

有时候，由于工作的需要，不得不在邮件中上传附件。关于附件必须要记住六个要点。

要点一： 邮件中有附件时，应在正文中指出，并提醒收件人下载。

要点二： 附件不要过大。华为《邮件礼仪15条》的第12条是"超过5M的大附件最好别用邮件发送占用别人邮箱空间，通过连接共享或用实时通信（IM传输）也很方便"。如果考虑用云盘代替附件，不要忘记在邮件中附上具体的云盘链接和密码。

要点三： 附件的名称同样要规范、醒目。

要点四： 附件数目不宜超过四个，若附件数目较多，应将其打包压缩成一个文件。

要点五： 若附件是特殊格式的文件，应在正文中说明打开方式，以免影响使用。

要点六： 不要忘记上传附件。

回复与发送邮件

及时回复

收到邮件后的回复速度代表了一个人的能力、效率，以及对发件人的重视程度。如果无法立刻答复邮件中的具体事项，也应回复一封邮件告知发件人该邮件已在处理。迟迟得不到任何回复会让发件人以为邮件没有发送成功，或邮件不被重视。华为《邮件礼仪15条》的第13条是"如果不是特别忙、特别为难或者完全不想搭理，尽量早点回复别人的邮件，因为人家可能在等"。

出差或者休假时，应合理使用邮箱的自动回复功能，提示发件人工作的交接对象或紧急事务的处理方法，以防影响工作。

回复与回复全部

职场中很多邮件乌龙事件就是因为没有分清楚回复（Reply）与回复全部（Reply All）功能的区别。回复功能是指仅回复发件人，即回复的内容只有发件人可见；而回复全部功能是指除了发件人外，回复的内容还会同时发送给原邮件中的其他收件人与抄送人。尽管对方可能将邮件同时发给了很多人，但如果我们的回复只需要发件人可见，就可以使用回复功能；而如果我们的回复需要与该邮件相关的人员都知晓，则应该使用回复全部功能。

发送、抄送与密送

群发邮件也有三种不同的功能：发送（To）、抄送（CC）和密送（BCC）。在选择使用哪种功能前，需要明确一个原则，就是邮件只发送给需要信息的人，不要占用其他人的资源。

对于理应对邮件予以回应答复的人，我们选择发送（To）功能。在发送时仍然需要考虑接收者职位高低排序的问题。

对于只需要知道这件事但没有义务对邮件予以回复的人，我们选择抄送（CC）功能。例如，当我们就某一事项与第三方达成共识，同时又需要告知领导该事项的进展时，就可以将邮件发送给第三方的同时抄送给领导。

如果不想让收件人知道这封邮件都发给了哪些人，就可以选择密送（BCC）功能。正如华为《邮件礼仪15条》的第三条写的"收件人比较多的时候，密送是一个很好的方式"。

发送前再次检查

按下"发送"键之前，务必再通读一遍邮件内容，对语言能不能再精炼、用词够不够有礼貌、称呼是否合适、格式是否便于阅读、是否有错别字、标点符号是否准确等逐一检查后再发送。

提高效率

为了避免无谓的回复浪费时间，对于重要的或需要对方尽快回复的邮件，应在发送后，致电或短信通知收件人；对于通知类的邮件，在文末应添加"全部办妥，请知晓""仅供参考，无须回复"等语句，表示不需要对方回复。

一封邮件能说清楚的事，就不要分成好几个。无论多着急都不要反复发同样的邮件。如果所发邮件一直没有回复，可以发送一封不同内容的邮件，换种说法解释为什么要跟进。

有人曾建议企业管理者对员工做一个测试，随机抽取每位员工10封往来的邮件，看一下邮件的标题、问候、分段、用词、署名、字体、颜色。抽查的结果会让管理者们一身冷汗，因为有时候客户就是被员工粗鲁的邮件行为一步一步逼走的。

在当今的e时代中，见邮件如见面。如果想给商务伙伴留下好印象，"正式"胜过"随便"。所以，要把邮件当成正式的商务信函一样重视，让邮件切实发挥其便捷高效的功能，成为职场人士的事业助推器。

- 把邮件当成正式的商务信函一样重视。
- 对待重要的或需要对方尽快回复的邮件，在发送后，应电话或短信告知对方。
- 收到邮件后应尽快回复，不方便时也需告知对方。

任务达标

扫描下方二维码，观看慕课视频，完成测试。

慕课"邮件礼仪"

测试

思考：打开自己邮箱中的"已发送邮件"，看看那些曾经可能会丢掉人脉的邮件行为，并加以改正。

28 "扫"不完的"雷区"

> 礼以顺人心为本。
> ——《荀子·大略》

说到微信,我想大家一点都不陌生。见面"扫一扫"已成为工作、生活中的习惯性动作。微信不仅是一个社交平台,也是一个人的社交名片。但有些人可能发现,"扫"完之后怎么就各种"踩雷"呢?其实使用微信需要注意的礼仪还真不少。发微信的方式,会出卖一个人的情商;微信上的言行,会暴露一个人的教养;发朋友圈的内容,可以显示一个人的品位。一个真正的微信高手应该知分寸、懂礼节、会顾人、也律己。

个人信息

昵称

微信的昵称展示了每一代人的特点,例如,70后和80后比较习惯用自己的真实姓名作为昵称,其实这也是商务交往中最适合的微信命名方式。

与其让每一位商务伙伴备注我们的真实姓名,不如直接使用实名作昵称,再加上公司的名字或简称,方便他人辨认。

头像

微信头像的图片应该是健康的、积极的。因为大多数人都喜欢与积极向上的人做朋友,客户也更喜欢和专业的人打交道。

如果微信主要用于商务交往,最好选择尽可能接近本人真实样貌的职业照片作为头像,这样在与他人会面时,才不容易出现"见面不如闻名"的差异感。

个性签名

虽然不是每个人都会使用微信的个性签名功能,但一经使用,就应设置和自己职业形象相符的内容,例如,我们可以写自己喜欢的励志名言,也可以对自己进行简短的介绍。

添加好友

"扫一扫"的次序

按照礼仪尊卑有序、长幼有序、主客适宜的原则,添加微信时,应该是位低者"扫"位高者、下属"扫"上级、晚辈"扫"长辈、主人"扫"客人的微信。如果两人职位相当,则由提出添加者"扫"对方的微信。

主动问候并自报家门

"扫一扫"的目的不仅仅是为了添加好友，更多的是为了后期建立一种联系。当对方通过了好友请求后，我们应该第一时间主动打招呼，并将自己的个人信息，包括姓名、公司、职务、联系方式等报给对方。

如果不是当面添加好友，在发送"验证申请"时，应友好问候，自报家门并说明来意。不要发送空白的添加请求，因为每个人都需要根据添加请求的内容，来判断是否接受添加请求。

善用"备注"和"标签"

添加新的好友后应立刻修改"备注"，在"备注"里，可以标注对方的姓名、单位或职务，并将联系人放入不同的"标签"中进行归类。如果觉得"备注"信息过多，也可以在"备注"中只写姓名，将其他的信息放入"描述"一栏，防止出现重名或记不清对方工作单位等状况的发生。

如果收到对方的名片，还可以把名片的照片放到"描述"中，以备查询。

微信聊天

发文字

在职场中，发微信和写邮件是没有本质区别的，只是沟通工具的不同而已。在一条微信信息里，问候、称呼一个都不能少。微信信息的正文要有条理，语言简练，排版清晰，便于阅读。微信信息的结尾应指明需要执行的结果，比如要确保对方已经收到通知，可以加上"收到请回复"；一条请示信息可以在结尾加上"请领导批示"；而无须回复的信息也可以告知对方"无须回复"。同一件事最好只用一条微信信息说清楚。

在任何的沟通礼仪中，及时回复都是非常重要的。收到信息后，应在第一时间内回复"收到"；如果不能马上对信息中的内容给予反馈，可以回复"已收到，我考虑一下"；如果暂时没空处理，也应告知对方"不好意思，有其他工作，晚点回复您"；如果在双方的交谈过程中突然有事要离开，也应该告知对方"晚点再聊，临时有事，要去忙"等。

有网友曾经对人们最无法忍受的微信聊天行为做过调查，结果排在首位的竟然是"总是发送'在吗？'"。所以，用微信沟通时，不要再问"在吗""忙吗""睡了吗"，如果要以这些问候作开场白，应该同时把要说的事情也说出来。

还有一个细节就是不要"单字"回复。"嗯"和"嗯嗯"虽然都回答了问题，但吝啬的单字回复可能会让对方觉得敷衍。把"哦""嗯"和"好"这类单字回复改为"哦，太棒啦！""嗯嗯，已经完成啦！""好的，我等会回复您！"等态度积极的话语，或者发送一个适合的表情都是不错的选择。

发语音

微信的语音功能确实给人们带来很多便利，但如果使用不当，也会给收信人带来困扰。

虽然语音转文字的功能可以解决不方便收听语音的问题，但如果遇到普通话不标准或是逻辑

职场礼仪

混乱的人，所发送的语音即使转换成文字也不便于理解。输入文字可能用时较长，但经过思考后发送的内容逻辑更加清晰、语言更加简练，便于对方理解。另外，发送的语音内容没有办法快速搜索，也不便保存和查阅。所以，在职场中要分人、分场合、分时间使用微信语音功能。比如，闲暇时间的聊天或是不方便发送文字时，可以在征求对方的意见后发送语音。

如果一直收到他人发送的语音消息而又不方便收听时，我们也可以直接回复"现在不方便听语音，如有急事，可以发文字"来提醒对方。

视频和语音通话

打视频和语音电话之前要先询问对方是否方便，比如，"现在方便视频或者语音通话吗？"得到肯定的答复之后再拨打。

如果接到突如其来的视频或语音电话，一定要找一个相对安静和私密的空间再接通，并戴上耳机，一方面不要打扰到别人，另外一方面也避免泄露隐私。

发文件和信息

通过微信发送文件给他人之前，应先询问对方这种方式是否方便，因为不是每个人都习惯用微信接收文件。邮件是更常见的发送文件的方式。

发送一些需要编辑的信息，如电话号码、快递地址等时，最好以文字而不是截图的方式发送。这样可以便于对方直接复制粘贴或后续搜索查找。

微信群

建立群聊

经常会有人困惑：当朋友 A 向我们要另一个朋友 B 的微信号时，我们该不该直接给他呢？从礼仪的角度，应该先询问 A 获取 B 微信的目的是什么？然后再与 B 联系，得到允许后再将微信名片推送给 A。

此外，还有一个搭建"人际桥梁"的方法就是把三个人拉到一个群聊中，帮助他们互相认识。这样既不伤人情，又不破坏规矩。

职场中会有很多工作群，在拉人进群前，应事先告知对方并争得对方的同意；在拉人进群后，应该负责介绍新进群的人。当然，如果被别人拉进群，完美的自我介绍，也是我们给他人留下深刻印象的好机会。

群名称和群昵称

群名称应该清晰明了、主题明确。进群后，应根据群的主题修改自己的群昵称，例如，跨部门沟通群的群昵称可以是"姓名＋单位／部门"，这样可以降低群成员的沟通成本，不用费力去猜测每个说话的人是谁。

群"@"

当我们在群里发重要的信息时，可以使用微信的"@"功能来通知全部群成员，请大家收到后回复。如果我们是信息的接收人，被"@"后应及时回复；如果我们是信息的发送人，学会等待也是一种美德。但如果等待很久后仍有个别同事没有回复，我们可以在群里再次"@"未回复的同事，并向他们重申"事情紧急，看到后麻烦尽快回复"。需要注意的是，"@"功能最好不要频繁使用，另外，在"@"他人时，应注意职位的高低，最好不要在群里直接"@"领导。

群红包和群祝福

很多企业的领导为了鼓舞团队士气，会在逢年过节时发一些群红包。拿到红包时，记得说声"谢谢！"；不要只抢红包不发红包；不要在群里起哄，强行要求其他领导或同事发红包；不是所有的群红包都适合抢，抢之前应先看下群中的对话。

发送微信祝福，和发短信祝福一样，最忌讳群发。既然祝福的目的是表达关怀和拉近距离，就应让对方感受到我们对他的重视。内容无须多长，语言也无须十分优美，只要是一字一句专为一人编辑的祝福，便能使收到的人从字里行间感受到我们的关怀与真诚。

朋友圈

很多人习惯在添加好友后看一下对方的朋友圈，古人云："字如其人"，而今天，不管我们愿不愿意，朋友圈就是我们的一张"网络面孔"。

分组标签

当我们在工作和生活中共用一个微信号时，最好是用分组标签的方法把通讯录里的好友分类，避免发朋友圈时打扰到不相关的人，也避免不同身份的人看到我们朋友圈的内容而对我们产生不必要的误会和偏见。

发朋友圈应有节制

大家有遇到过一天发十几个朋友圈的小伙伴吗？大家可以接受吗？无论今天多开心，无论有多少事情可以分享，我们都建议大家一天最多发四次朋友圈，否则就变成了"暴力刷屏"和"粗鲁骚扰"。

图、文、转发三观正

发朋友圈有三个基本原则：不要秀智商下限，不要秀道德下限，不要秀情绪下限。所以，发朋友圈时，我们要考虑一下所用的图片、文字和转发的内容是否适合。

大部分人的朋友圈都是生活和工作"混搭"。在展示私生活时，我们应时刻注意维护自己的职业形象，毕竟，展示朋友圈的目的是为我们的"专业性"加分，而不是减分。

点赞和评论的艺术

主动给他人的朋友圈点赞，是增进关系的一种方式。但不要盲目点赞，点赞前，应看好朋友发的内容，并不是所有的朋友圈都适合点赞。

给他人评论时，也要注意技巧。朋友圈是一个公开的空间，评论时，共同的好友也会看到评论的内容，要考虑所有人的感受。

微信交流的方式很丰富，但交流时，对方的性格、身处环境、职位高低等都是必须要考虑的因素。在社交工具不断更新的时代，我们更加需要及时地更新自己的礼仪知识。

职场礼仪

小贴士

- 一定要区分朋友圈和工作圈。
- 有事说事，提高微信沟通效率。
- 使用微信应知分寸、懂礼节、会顾人、也律己。

任务达标

扫描下方二维码，观看慕课视频，完成测试。

慕课"微信礼仪"

测试

思考：如果给领导发了一条微信，但对方一直没有回复，我们要如何处理？

> **笔者分享**

被吐槽的"粗鲁"电话礼仪

在日常的人际交往及商务工作中，人们最常使用的沟通工具就是电话。所以，我也经常会听到一些朋友分享他们亲身经历过的电话使用不当的小故事。

有位女性朋友告诉我，她曾经和一个长相、条件都不错的小伙子出去约会。在吃饭时，小伙子接了个电话，然后边吃饭边用电话聊天，一聊就是十几分钟，全然没有顾及坐在对面的姑娘。这位朋友告诉我，这是他们俩的第一次约会，也是最后一次。

另外一位男性朋友分享说，他们办公室的同事们曾经集体对某位同事的手机滥用行为感到愤怒。这位同事几乎每天都要跟男朋友"煲电话粥"，而且不分时间、不分场合，常常在办公室一"煲"就是半个多小时。虽然她说话的声音比较小，但还是对同一办公室的同事们造成了影响。

还有一位在航空公司做空姐的朋友向我吐槽，最令他们头疼的乘客行为之一就是在飞机上玩游戏不静音。因为在密闭的小空间里，乘客本来就容易心烦意乱，再加上耳边不断地充斥着游戏的音效，会更加容易让人产生晕机感。这种行为很容易引起投诉，甚至是乘客间的争吵，无疑给飞行安全、客舱服务都带来极大的影响和不便。

作为老师，我和同事们常常会接到学生们打来的电话，或是课程请假，或是有事咨询。有些学生礼貌而恰当的电话行为让我们的沟通顺畅愉悦，而有些学生不当的电话行为，比如晚上十二点多打电话询问第二天上课的教室或者请假等则让我们哭笑不得。

上面说到的这些情景，可能很多人都似曾相识或是亲身经历过。其实这些都是在联络沟通中让人备受吐槽的行为。

在职场中，有90%的工作都和沟通有关。一家公司的良好声誉、快速的客户响应速度，都和员工的沟通能力息息相关。所以，我们必须要培养良好的沟通联络礼仪习惯，才能为企业更好地赢得业务。

职场礼仪

模块七 ⑦ 商务宴请礼仪

夫礼之初，始诸饮食。
——《礼记·礼运》

礼仪迷思

人们的日常生活离不开"一日三餐"，但对于职场人来说，安排商务宴请却是一件让人头疼的事情。怎么邀请？什么时候点菜？点什么菜式？点多少菜合适？是否要搭配酒水？什么时候敬酒？这些都需要考虑。千万别只想着品味美食，而忽视了自己在宴请过程中应有的礼仪行为。

商务宴请是职场中必不可少的场景，让我们开启商务宴请的学习，让自己连吃饭的样子都变得无可挑剔吧。

29 成功邀约是一切宴请的开端

> 对用餐礼仪最大的考验就是不要触犯别人的感觉。
> ——艾米莉·博斯特

我国自古以来就是礼仪之邦,餐桌礼仪可谓源远流长,早在周代,饮食礼仪就已经形成一套相当完善的制度。而商务宴请作为商务交往的重要活动之一,在私人交往与公务交往中都非常普遍。一次成功的宴请是由很多因素组成的,而一个成功的邀约是一切宴请的开端。宴请宾客是一门学问,在适当的时间和地点,借助适当的理由,宴请适当的宾客,做好宴请的各项准备工作,才能事半功倍。

安排得当的宴请活动,不仅能为商务活动中各方的交往增添色彩,也有益于商务活动的促成。

宴请的目的

钱钟书先生在《吃饭》一文中说:"吃饭有时候很像结婚,名义上最主要的东西,其实往往是附属品。"宴请,其实是一个过程行为,这一行为总是由某一特定的目的支配着。

宴请或聚餐的主要目的通常是交际,而不仅是品尝美食。正所谓醉翁之意不在酒,请客也是一种投资。即便是家人、朋友在一起聚会吃饭,也有满足情感交流、增进情谊的目的在其中。因此在宴请宾客之前,首先要清楚自己请客的动机。

在职场中,宴请的目的是多种多样的。宴请可以表示欢迎、欢送、答谢,也可以表示庆祝、纪念,还可以为了某一件事、某一个人或者为了拓展交际圈而进行宴请。其中,表达庆祝、答谢的宴请是最让受邀对象难以拒绝的。

宴请的类型

宴请是国际交往中最常见的交际活动之一。各国宴请都有自己国家或民族的特点与习惯。通常根据宴请的目的、对象等因素不同,可以将宴请分为国宴、正式宴会、招待会、茶会、工作餐等。

国宴

国宴是国家元首或政府首脑为国家的庆典,或为外国元首、政府首脑来访而举行的正式宴会,因而规格最高。

举办国宴时,宴会厅内应悬挂国旗,同时还应安排乐队演奏国歌及席间乐。前期的席位排

职场礼仪

定、宴会中的席间致辞或祝酒是必不可少的。

国宴是许多重要历史事件的载体，见证了一个国家重要的外交发展史。国宴更是一种文化展示，它是集国家饮食文化特色和礼仪文化特色于一体的国典形式之一。

正式宴会

正式宴会除了不挂国旗、不奏国歌以及出席规格不同外，其余安排大体与国宴相同，有时亦安排乐队奏席间乐。

许多国家对于正式宴会十分讲究，在请柬上会注明对客人服饰的要求，这些要求往往可以体现宴会的隆重程度。此外，正式宴会对餐具、酒水、菜肴道数、陈设，以及服务员的装束、仪态都有很严格的要求。

招待会

招待会是一种比较灵活的宴请形式，常用于非官方的正式活动及宴请人数众多的情况。

招待会一般会备有让客人自取的食品、酒水、饮料等，不会准备正餐。我们最熟悉的招待会主要有冷餐会和酒会，它们的特点是宾客可以自由活动，有些宾客甚至还会选择站立进餐，所以通常都不排定席位。

茶会

茶会是一种相对简便的招待形式，很多西方国家也有喝下午茶的习惯。

一般情况下，茶会不排定座位。但如有贵宾参加，则会在入座时安排贵宾和主人坐在一起，其他人随意就座。

茶会上茶叶、茶具的选择要有所讲究或具有地方特色，例如，西方人喜欢喝红茶，配合红茶的茶具就应使用陶瓷器皿或者银器。

工作餐

工作餐按用餐时间可以分为工作早餐、工作午餐和工作晚餐。工作餐是现代国际交往中经常采用的一种非正式宴请形式。

工作餐主要是利用进餐时间与宴请对象边吃边谈，所以一般只邀请与工作有关的人员，不邀请配偶陪同。

为了便于交谈，工作餐往往使用长桌，其排位方法与相对式座次安排相仿。

宴请的原则

在宴请准备工作开始前，我们要知道一些宴请的基本原则。

适量原则

适量原则是指在安排宴请时，务必要从实际需要和实际能力出发，对于宴请的规模、宴请的宾客人数以及用餐的档次进行适当的安排。切忌虚荣好强、炫耀攀比，甚至铺张浪费。

"4M"原则

"4M"原则是在世界各国广泛受到重视的一条礼仪原则。"4M"指的是以"M"为首字母的四个单词：Menu，意为精美的菜单；Mood，意为迷人的气氛；Music，意为动人的音乐；Manners，意为优雅的礼节。

宴请的准备

宴请既然作为一种礼仪性的社交活动，实现其目的自然是组织者所追求的。为了能使这种社交活动获得圆满成功，我们必须要对宴请进行周密的组织和安排。

确定宴请名单

第一步：确定邀请范围。

所谓邀请范围是指请哪些方面的人、请到哪个级别、请多少人。邀请范围一般根据宴请的目的确定，既不能遗漏，也不能随便拉客人凑数。尤其要避免把毫不相关的两批客人合在一起宴请，更不建议把平时有芥蒂或者立场对立的客人请到一起吃饭。

第二步：确定主宾和陪宾。

邀请范围中最重要的人即为主宾，请来作陪的人即为陪宾。在邀请陪宾时，一定要选择与主宾相识或有共同语言的人。陪宾的身份不宜高于主宾，但也应该是有一定声望的人。

第三步：拟定邀请名单。

在草拟具体的邀请名单时，要确认受邀对象的姓名、职务、称呼，以及对方是否有配偶出席、配偶的个人信息等。同时也要确定邀请一方的出席名单。我们一般采用"主客身份对等"的原则，即主人的身份和职务应同受邀对象，尤其是主宾的身份和职务对等。

确定宴请时间

宴请的时间安排应选择主、宾双方都较为合适的时间。主人不仅要考虑自己的时间安排，更要讲究"主随客便"，即要优先考虑受邀对象，尤其是主宾的时间安排。

在正常情况下，邀请一方应先与主宾协商，力求两厢方便，达成一致。如有特殊情况，邀请一方也应尽可能多地提供几种时间选择，以示诚意。

确定宴请时间时还需要考虑用餐时长，既不能匆匆忙忙"走过场"，也不能拖拖拉拉"耗时间"。正式宴会的用餐时间通常在 1.5 ~ 2 小时；非正式宴会一般在 1 小时左右；而工作便餐一般仅有 30 ~ 45 分钟。

确定宴请地点

宴请的地点一般根据宴请的目的、宴请的形式、宴请的客人来选定，并且要综合考虑宴请场所的地理位置、用餐环境、菜肴特色及价位等因素。

宴请并不是越贵越好，对于有特殊规定的单位或机构，绝不能触碰对方的红线。

宴请时，要对重要宾客的年龄和偏好有一个大概的了解。例如，一些年长的宾客会倾向于安静、低调的宴请地点。而就职于外企或年轻的宾客可能更倾向于有个性、有特色的餐厅。

确定宴请菜单

宴请菜单应依据活动的形式和规格在规定的预算标准内进行安排。

确定菜单最重要的礼仪就是不以主人的爱好为准，而应主要考虑主宾的喜好与禁忌。如果个

职场礼仪

别宾客对菜品有特殊需求,比如素食者,也应单独为其上菜。

大型宴请应照顾到方方面面,菜肴的搭配、数量和分量都要适宜,是否需要酒水和饮料,哪些酒水与菜品搭配更为合适,也是需要提前考虑的。

在商务宴请中,事先列出菜单并征求领导同意,是必备的准备工作。获准后,即可印制菜单。每桌至少准备一份菜单,有些讲究的正式宴会也会每人准备一份。

宴请的邀请

正式的宴请活动一般需要提前向受邀对象发出邀请。这既是礼貌,也是对客人的提醒,以便客人安排行程、做好准备。

邀请的方式

邀请的方式分为口头邀请和书面邀请。

口头邀请有电话邀请、当面邀请、托人邀请等形式,相较于书面邀请,这类邀请较为随意。一般朋友聚会、家人团聚、工作进餐等多采用此方式。

书面邀请即正式邀请,包括请柬邀请、书信邀请、传真邀请和便条邀请等。一般用于正式的、规模较大的宴请活动。其中,请柬邀请是使用频率最高的书面邀请方式。

发出邀请的时间

邀请一般应提前一周至两周发出。有时对于规格较高的宴会或客人,需要提前一个月发出邀请,以便对方及早进行安排。

对于正式的宴请活动,即使已经发出口头邀请且对方承诺出席,也应补送请柬。当然,电子请柬也是一个不错的选择。

请柬的礼仪

请柬的形式

请柬用纸要考究,形式一般有横式和竖式两种。横式请柬行文自左向右,从上而下,一般用于商务宴请。竖式请柬行文自右而左,从上向下,一般用于民间传统宴请,是中国传统文化的体现。

请柬的内容

请柬的正文内容应包括宴请的时间、地点、名义、形式、要求及邀请人,可打印或者手写。

手写字迹应清楚、美观。可选择黑色或蓝色的钢笔或毛笔书写,不可采用黄色、绿色、红色等鲜艳的颜色进行书写。行文一般不用标点符号,所提到的人名、单位名称等都要齐全、准确。

是否需要回复

如果需要确切地掌握被邀请人的出席情况,可以在请柬上注上"R.S.V.P."(请答复)字样,即要求被邀请人无论是否出席都需要给予答复。

但如果只需要不出席者答复,则可注上"Regrets only"(因故不能出席请答复)字样。当然,也可以在请柬发出后致电询问对方能否出席。

如果是经口头约妥后再发出的请柬，上面一般标注"To remind"（备忘）字样。主要是起到提醒作用，可不必答复。

着装要求

在很多请柬中，我们还会看到有关 Dress Code（着装要求）的内容。越正式的聚会就越会有这项要求。一般有六种不同的着装要求：Casual（休闲装）、Smart Casual（商务休闲装）、Business Casual（商务便装）、Business Dress（商务正装）、Semi-formal（半正式着装）和 Formal（礼服）。

通常在请柬中未规定着装要求的情况下，套装绝对是最稳妥得体的衣着搭配。

请柬信封的内容

请柬信封上必须标明受邀对象的姓名和职务。若举办正式宴会，最好还能在发请柬之前排好席位，并在信封下角注上席位号。

商务宴请是一门艺术，更是职场素养的必修课。一次准备充分、顾及细节、大方得体的宴请，能让客人有宾至如归的感觉。在轻松愉快的氛围中，宴请必然能起到相互了解、沟通感情、促进合作的作用。

- 准备一次成功的宴请，先要了解宴请的程序、艺术和礼仪。
- 宴请宾客，要充分考虑客人特别是主宾的喜好，即主随客便。
- 不能忽视正式宴会的着装要求，因为它体现了对宴会主人的尊重。

任务达标

扫描下方二维码，观看慕课视频，完成测试。

慕课"宴会邀请与准备" 测试

思考：如何理解"吃饭即工作，餐桌即战场"这句话？

30 别小看餐桌上的"选择题"

> 礼以顺人心为本。
> ——《荀子·大略》

中华饮食，源远流长。中餐是世界上品种最多、形式最复杂的菜肴之一。在正式的商务宴请中，安排一桌好菜，对宴请的成功起到至关重要的作用。很多人会说，我们点的不是菜而是情商。因为点菜就是一场"食商"与"情商"的双重大考验。事实上不管我们是不是美食爱好者，深谙点菜的艺术都会给我们的职业形象加分，至少可以做到拿起菜单不再如坐针毡、举棋不定、暗自紧张。掌握了点菜的技巧，即使遇上临时需要组织用餐的情况，我们也能让一桌人吃得香、聊得欢。

菜品的选择原则

安排一顿标准的中式大餐，可以依照"三优四忌"原则进行菜品的选择。

"三优"原则

"三优"是指优先考虑的三类菜肴。

"一优"，是指中餐特色菜肴。尤其在宴请外宾时，更多地选择这一类菜肴。比如炸春卷、煮元宵、蒸饺子等，虽不一定是山珍海味，但因具有鲜明的中国特色，所以受到外国友人的推崇。

"二优"，是指本地特色菜肴。比如西安的羊肉泡馍、湖南的毛家红烧肉、上海的红烧狮子头、北京的涮羊肉等都是宴请外地客人的首选。

"三优"，是指本餐厅特色菜。在宴请时千万不要错过餐厅的特色菜。选择用餐餐厅的特色菜不仅能体现主人的细心，更能突显出主人对受邀对象的尊重。

如果是举办家宴，主人一定要当众露上一手，多做几个拿手菜。所谓的拿手菜不一定要十全十美，只要亲自动手，就足以让客人感受到主人的重视和友好。

"四忌"原则

"四忌"是指来宾的饮食禁忌。特别要对主宾的饮食禁忌高度重视。

一是宗教饮食禁忌。例如，穆斯林忌食猪肉等。

二是有损健康的饮食禁忌。例如，有些人忌食辛辣刺激食物，服药的人则应注意药物相克等饮食禁忌。

三是地域差别造成的饮食禁忌。例如，很多外国人不吃动物内脏等。

四是职业原因造成的饮食禁忌。例如，对于一些长期坐在办公桌前工作的人，需要避免过多食用高脂肪、高糖食物，以防肥胖和慢性病。

菜品的搭配原则

如果大家是点菜的新手，不妨先从最基础的上菜顺序学起。一顿标准的中式大餐，通常的上菜顺序为"凉菜→热炒→主食→点心→汤→果盘"。

为了综合各种菜品的口感，上菜时一般讲究按照"先冷后热，先菜后汤，先鲜后咸，先辣后炒，先烧后蒸，先清淡后肥腻，先主食后甜食，先点心后水果，先优质后一般"的顺序。

上菜的顺序给了我们很好的菜品搭配的启示，凉菜、热菜、汤、主食、甜点、酒水分开点。通常情况下，荤素比为3∶2，男士多可多点些荤菜，女士、老人多可多点清淡的蔬菜，孩子多可点些甜汤和点心。饭后可上些水果。

我们还有一个顺口溜：荤素搭配，冷热均衡；汤水点缀，营养开胃；甜点酒水，整体调配。

点菜最高的境界就是能让一桌菜肴"横看成岭侧成峰，远近高低各不同"。食材要错落，菜肴的类型也要错落，有肉有菜，荤素搭配，甜点还可以锦上添花。

菜品的数量公式

点菜时，除了点什么，还有点多少的问题。我们不仅要追求吃饱、吃好，还应该做到量力而行。如果为了讲究排场，在点菜时不顾用餐人数乱点一通，这样做不仅对自己没好处，还可能招人笑话。

按照适量的原则，既要让客人吃好，又不铺张浪费，点菜的数量通常遵循"N+1"原则，即在就餐人数的基础上再多加一道菜。这个原则适用于很多场合，特别是10人以下的普通饭局。

当然，我们也不能太过于教条，可以根据餐厅的菜量、男女比例等因素适当地增减菜品数量。我国传统文化讲究好事成双，所以一般情况下菜品的数量最好是双数。当菜品数量为单数时，我们可以再多点一道菜，而因为凉菜多为下酒菜，分量比较少，所以为保证菜量合适，多点的那道菜可以选择凉菜。

谁是餐桌上的点餐人

正式宴请的菜单往往是提前确定好的。但我们有时会参加一些临时性的商务用餐，这种非正式宴请的菜品并不会提前安排好，那么就出现了一个问题——谁是餐桌上的点餐人？

在中餐礼仪中，谁负责点菜是很讲究的，一般要根据谁请客、请的是谁，以及彼此的关系来决定。因为身份、地位、关系的不同，会影响点菜方式的不同。

主人点菜

一般来说，点菜的任务是交给主人的。宴请之前，主人一定要提前了解客人的口味，再根据客人的具体情况点菜。

如果是当着客人的面点菜，主人可以先征求客人的意见，主要有两种征求方式。

其一，封闭式提问。

封闭式提问是让客人在两者之间进行选择，从而缩小选择的余地。比如"您喜欢鲈鱼？还是鳜鱼？"

 职场礼仪

其二，开放式提问。

开放式提问可以把主动权交给客人，扩大选择范围。比如"您要点什么主食？"请记住这里的句式是"要什么"而不是"要不要"。

还有一点需要注意的是，在点菜时不建议大家上来就问"您想吃点什么？"虽然这也是开放式提问，但这个问题会让客人很难回答。主人可以问"您有没有什么忌口的菜？"

在点菜快要结束时，主人还可以留出一两个菜的弹性空间，请客人再看一下菜单，哪怕对方回答不用了，这样做也会让客人感受到尊重。

客人点菜

如果我们是受邀对象，切记不要在点菜时太过主动，应让主人来点菜。如果主人盛情要求，则可以点一个不太贵又不是大家忌口的菜。

点菜时记得征询桌上人的意见，可以询问"有没有哪些是不吃的？"或是"比较喜欢吃什么？"让大家感觉到被照顾。

作为主人，当客人谦让点菜权时，不必过于勉强让客人点菜，因为主人确定菜品也是宴请中最基本的礼仪。

领导点菜

如果和领导一起吃饭，无论谁请客，我们都可以把点菜权交给领导。如果领导推让，则也不必勉强，我们可以把后面点酒水、饮料的权利留给领导。

女士点菜

在当今社会，"女士优先"已成为一种美德。点菜时，男士可以让女士先点，尊重女士的意见。同时，女士也应考虑，并征询男士的意见。

一个会点菜的人，社交能力绝不会差，因为他点的每一道菜，都有为他人考虑的善良与体贴。这才是真正的人脉，是一个人最应具备的情商。

- 菜品的选择直接关系着宴请效果，体现着主人的诚意。
- 点菜不以主人的爱好为准，应主要考虑主宾的喜好与禁忌。
- 一份让宾客满意的菜单，不仅包含着点菜人的情商，更有为他人考虑的体贴和周到。

任务达标

扫描下方二维码，观看慕课视频，完成测试。

慕课"中餐菜品"

测试

思考：在菜品没有提前安排的情况下，什么时间点菜是比较合适的呢？

31 "能饮"不等于"会饮"

> 献酬交错，礼仪卒度，笑语卒获。
> ——《诗经·小雅·楚茨》

人们常说，以茶待客，以酒会友。古往今来，酒水在人际交往中一直扮演着重要的角色，以至于无茶不会客，无酒不成宴。在商务宴请中，酒往往能最快地融化彼此的社交坚冰；酒杯的晃动，往往能缓和剑拔弩张的会谈。所以对于商业精英们来说，在对的场合，选择对的酒，并善用酒水礼仪，是与客户拉近距离的重要一步。要想成为真正善于饮酒的人，不是"能饮"，而是"会饮"。在中餐的酒水礼仪中，一般需要特别注意菜肴搭配、敬酒、控酒和拒酒礼仪。

酒水与菜肴搭配

酒水主要是在用餐时起到开胃助兴的作用。然而，要想使酒水发挥正确的作用，就必须懂得酒水与菜肴的搭配之道。唯有如此，二者才会相得益彰。否则，就很有可能事倍功半，甚至破坏食欲。

白酒

中餐的最佳搭档是白酒。白酒承载了中华民族悠久的饮食文化，我国白酒的口味一般分为四种香型。

清香型：具有清香、醇甜、柔和、余味净爽等特点。在选择菜式与此类白酒搭配时，应避免过于油腻或口味过重的菜品，可以选择如茭白茄子、虾皮白菜、素三鲜等清淡的菜肴，避免清雅的酒香被菜肴浓重的味道喧宾夺主。

浓香型：具有浓郁芳香、绵甜猛烈、香味协调等特点。可以选择一些重油伴汁的菜肴进行搭配，如油焖大虾、香辣猪耳朵、红烧狮子头等，配合酒的浓香，两者相辅相成，能产生极佳的口感。

米香型：具有蜜香清雅、入口柔绵、落口爽净、回味怡畅等特点。适合搭配低温菜肴，如凉拌牛肉，竹签田螺等。由于米香型白酒口感主幽甜，所以大部分人还习惯以此类酒解辣、解烫、降热。

酱香型：具有酱香突出、幽雅细腻、酒体醇厚、回味悠长、酒杯香气持久等特点。可以选择味道以鲜美为主的菜肴进行搭配，如香茅鲈鱼、黄瓜鸡蛋等菜式，让酱香之味填补食物鲜味慢慢淡去的空缺，两者的滋味各有差异又不排斥，能使味觉体验更加明显。

葡萄酒

很多人都觉得葡萄酒是西餐的标配，但其实无论是白葡萄酒还是红葡萄酒都很适合搭配中

职场礼仪

餐。白酒太烈，啤酒不够正式，所以在现代中餐宴请中，葡萄酒也是不错的选择。

但与西餐不同，葡萄酒在与中餐搭配时，要根据主料、配料、调料及烹饪方法等因素综合考虑，同时还要考虑个人的口味偏好进行选择。

通常情况下，口感偏浓郁的食物，可以尝试搭配红葡萄酒；而以辣味为主导的菜肴，选择白葡萄酒来搭配也是极好的。

在用餐时，菜与酒的搭配可以丰富口感的复杂度与层次感，也可以弥补菜肴的缺陷。

敬酒礼仪

在较为正式的宴请场合，饮用酒水颇为讲究。一般来说，敬酒礼仪中有关斟酒、祝酒、干杯的礼仪应用最多。

斟酒

主人为了表示对来宾的友好、敬重，一般会亲自为其斟酒。主人斟酒时，客人应端起酒杯致谢，必要时还须起身站立或欠身点头为礼。当服务人员为其斟酒时，一般不必端起酒杯，但勿忘道谢或回敬"叩指礼"。

斟酒时要注意三点。

第一，要面面俱到，一视同仁。切勿有挑有拣，只为某人斟酒。

第二，要注意顺序。先为嘉宾、尊长斟酒。也可以从第一主宾位开始，按顺时针方向绕餐桌依次斟酒。

第三，斟酒要适量。

祝酒

提议为某种事由而饮酒的行为，我们称为祝酒。在一场宴会中，第一次祝酒最适合的时间是在宾主入席后、用餐开始前，由主人负责祝酒。

如果不是集体祝酒，而是针对个人进行的祝酒，一定要充分考虑祝酒的先后顺序，分清主次，避免出现尴尬的情况。一般而言，应按宾主身份、职位高低、年龄大小为序，遵循"主人敬主宾、陪客敬主宾、主宾回敬、陪客互敬"的原则。

作为受邀对象，切记不能乱祝酒。如果实在分不清在座宾主的身份高低，可以按照斟酒的顺序或从主宾开始顺时针方向祝酒。

在祝酒时，通常还需讲一些祝愿、祝福的话语。在正式的宴会上，主人和主宾还会发表专门的祝酒词。不管是正式的还是普通的祝酒词，都应简短精练，千万不要长篇大论，喋喋不休，让他人和美食都等候良久。

干杯

在敬酒时，我们很喜欢说"干杯"。很多人会说"喝了杯中酒，才是干杯"，但其实不然。干杯所表达的应该是一种尊敬和深深的祝福。干杯时，双方应起身站立，右手端起酒杯，左手托其杯底，面含笑意，目视他人，并送上祝福语。饮酒后，还需要持杯与对方再对视一下，方可结束。

干杯时要注意五点。

第一，主人敬酒干杯后，客人也需回敬主人。

第二，即便滴酒不沾，在敬酒时也要拿起酒杯。

第三，与距离较近的人干杯，可以先碰杯再干杯。但不要用力过猛，不是非要碰出声音不可。

第四，如果是与距离较远的人干杯，可以抬杯示意或以"过桥"之法作为变通，即以手中酒杯底部轻碰桌面后再饮下，这也等同于与对方碰杯。

第五，面对尊者、长者时，应使自己的酒杯低于对方的酒杯。如果对方也很谦逊，可以用左手抬起对方酒杯底部，使其高于自己的酒杯后再碰杯，以示尊重。

控酒礼仪

不管在哪一种场合饮酒，都要有自知之明，保持风度，做到"饮酒不醉为君子"。在我国的古语里，早就有"酒是伤人物""酒乃色媒人"之说。在任何时候，都不要争强好胜，故作潇洒，非要"一醉方休"不可。

在饮酒前，应根据既往经验对自己的酒量心知肚明。不管碰上何种情况，都不要超水平发挥。可以将饮酒量限制在自己平日酒量的三分之一，免得醉酒误事。

在饮酒时，不要忘记律己敬人之规。特别是要抛弃既有害于人又有损于己的陋习恶俗，做到不酗酒、不灌酒、不划拳、不耍酒疯。

不要为了体现所谓的"热情好客"，而不停地劝酒，其实这是失礼且不尊重对方的表现。礼仪的核心是用对方喜欢的方式让对方觉得舒服，而不是用自己喜欢的方式来表达所谓的"热情"。

拒酒礼仪

假如因为职务身份、健康状况、生活习惯等原因而不能饮酒，可以采用合乎礼仪的方法拒绝饮酒。

方法一：申明不能饮酒的客观原因。

方法二：主动以其他软饮料代酒。

方法三：委托亲友、部下或晚辈代为饮酒。

无论在什么情况下拒绝饮酒，都不要在他人为自己斟酒时又躲又藏、乱推酒瓶、敲击杯口、倒扣酒杯。把自己的酒倒入别人杯中，尤其是把自己喝过的酒倒入别人杯中也是不对的。

作为敬酒人，要充分体谅对方，在对方请人代酒或用饮料代替时，不要非让对方喝酒不可，也不应该好奇地追问对方不能喝酒的原因。

希望大家今后都能在宴会上做个"会喝酒"的人。

职场礼仪

小贴士

- 酒水应与菜肴相搭配，才能有更好的口感，起到烘托氛围的作用。
- 敬酒前一定要充分考虑敬酒的顺序，分清主次。
- 无论是敬酒一方，还是被敬一方，都应入乡随俗、因地制宜，同时控制好自己的酒量。

任务达标

扫描下方二维码，观看慕课视频，完成测试。

慕课"中餐酒水礼仪"

测试

思考：向上级、同级和下级敬酒时，祝酒词有哪些差异？

32 据说 90% 的中国人都用错了

> 自奉必须俭约，宴客切勿流连。
> ——朱熹《朱子家训》

对于热爱美食的人而言，色香味俱全才是吃的最高境界。食物和餐具作为餐桌上的搭档，把食物放到最合适的餐具中会让人在用餐过程中感到身心愉悦。所以了解餐具使用的礼仪也体现了一个人的修养。

在正式宴会场合中，餐具的使用要比日常用餐讲究很多。国宴还会根据主题精心设计、研发和打造对应的餐具，以展示我国文化博大精深的底蕴。国宴餐具如图 7-1 所示。

中餐商务宴请的主餐具包括筷、匙、盘、碟、碗等，辅餐具有杯子、湿毛巾、牙签、水盂等。中餐商务宴请餐具如图 7-2 所示。

图 7-1　国宴餐具

图 7-2　中餐商务宴请餐具

接待外国友人时还应准备西餐中的刀和叉。我们应该重视餐具的使用礼仪，以免在重要场合失去涵养。

筷

筷子是我国最常用的饮食工具，是中华饮食文化的标志，更是中国传统文化的代表。

筷子的起源与发展

蔡元培曾说过："早在三千多年前，我们的祖先也用刀叉，不过我们中国人是酷爱和平的民族，总觉得刀叉是战争武器，使用它吃饭菜不雅观，所以从商朝时起，就改用'箸'夹菜。""箸"就是我们今天说的"筷子"。

筷子发明于中国，已有三千多年的历史，后传至朝鲜、日本、越南等汉字使用国家。不同国

职场礼仪

家筷子的形式有所不同。比如韩国人偏好使用扁平的、不锈钢的筷子；日本人流行木制、包漆、短小、尖头的筷子。而我们使用的筷子更长、更厚重，形状通常是一头方，一头圆，圆象征天，方象征地，天圆而地方，蕴含了中国人对世界基本原则的理解。

筷子的摆放礼仪

在中餐宴请中，筷子都是摆放在右侧的筷架上。我国古代也有横筷的礼仪，它表示酒足饭饱，不再进膳，但晚辈必须等长者先横筷后，才可跟着做。

筷子的使用在我国的餐饮礼仪中非常重要。即使已经吃饱了，也不能立刻收拾碗筷，而要等全桌人用餐完毕后再一起收拾。这也是古代横筷礼仪的延续，表示"人不陪君，筷陪君"。

筷子的使用礼仪

虽然筷子是我们日常生活中使用最频繁的餐具，但一些使用上的禁忌却往往被我们所忽略，比如翻箸、吸箸、插箸等。

在很多正式的用餐场合，我们会发现右手边有两双筷子，一双白色，一双黑色。白色为公筷，黑色为私筷。也就是说，白色的筷子是用来取食的，黑色的才是用来进食的，千万不要搞混了。

还有一些餐厅会把公筷直接放在盛放菜品的盘子中。在这种情况下，除了注意不能用公筷进食外，还要记住公筷使用后应放回原处。不要一餐下来，发现自己多出好几双筷子。

正确使用筷子不仅是自身素养的一种体现，也是对中餐文化、用餐者的一种尊重。

匙

在中国传统文化中，匙通常指的是瓷匙，主要用于喝汤。而在现代中餐宴请中，我们一般会看到一把瓷匙，一把钢匙。放在碗里的瓷匙是用来喝汤的，放在右手筷子旁边的钢匙是用来取菜的。我们也可以把钢匙理解为公匙。关于匙的使用，同样以下几点要格外注意。

第一，用匙取菜，不宜过满，免得溢出的汤汁弄脏餐具或自己的衣服。

第二，在舀取食物时，最好在原处"暂停"片刻，等汤汁不再流后，再移向自己的盘中享用。

第三，用匙舀取的食物，应立即食用，不能因为不可口而把食物再次倒回原处。

第四，钢匙用于取菜，而不用于进食。所以不要把钢匙塞入口中。

第五，用瓷匙喝汤时，即使汤很烫，也不可把匙晃来晃去，更不要用嘴对着它吹来吹去。

匙虽小，但是作为优雅得体的职场人士，与人共餐时，要时刻谨记这些基本礼仪。

盘

在正式的中餐宴请中，餐桌上每人面前一般会放两个盘子，一个大的，一个小的。大的，放在下面的盘子为装饰盘，主要用于定位和装饰。装饰盘的位置固定，从开餐到用餐结束都不能挪动它的位置，更不能端起或用它盛放食物。小的，放在上面的盘子用以盛放食物为食盘。盘子的使用也比较讲究，需要注意以下几个小细节。

第一，尽管中餐的食物种类多，但一个优雅的用餐者不应该让面前的食盘堆满食物。

第二，少量取食，不要将多种菜肴一起堆放在食盘上，既会窜味也不雅观。

第三，对待不宜入口的食物残渣，如骨、刺等，不要吐到桌上或地上，而应将其轻轻取放在食盘的前端，或者用餐巾纸包裹后放在食盘的前端。

第四，如果食物残渣过多，可以示意服务人员更换食盘。

中餐宴请中盘子的使用和日常有所区别，了解这些小细节能让我们在用餐时更加得心应手。

碗

在正式的中餐宴请中，碗一般用来盛饭、盛汤。拿起碗来用餐，可以体现食物的可口和用餐的优雅。千万不要弯着身子，把嘴凑到碗边去吃。

拿碗时，用左手的四个手指支撑碗的底部，拇指放在碗端。如果是用带盖的汤盅来盛汤，汤盅是不用端起的。如果想表示汤已经喝完了，应将汤勺取出放在垫盘上，把盅盖反转平放在汤盅上。

辅餐具

杯子

在正式的中餐宴请中，一般有茶杯、水杯和酒杯。茶杯用于喝茶，水杯用于喝水或果汁、饮料。喝白酒要使用中式的小酒杯，喝葡萄酒则使用西餐中对应的杯子。切记不能用水杯喝白酒或红酒。

湿毛巾

一般来说，比较讲究的中餐宴请会在用餐开始和结束时，为每位顾客准备一块湿毛巾。有时根据菜品需要，用餐期间也会送上湿毛巾。要注意湿毛巾是用来擦手的，绝对不能用来擦嘴、擦脸、擦汗或擦拭餐具等。擦过之后，应将其放回盘中，由服务人员取走。

牙签

在用餐过程中，尽量不要当众剔牙。若是非剔不可，应以一只手掩住口部。剔完后，不要长时间叼着牙签，更不能用剔牙的牙签扎取食物。正确的做法是，把使用过的牙签用纸包住，最好把牙签轻轻折断，表示已经使用过。

希望大家都能正确使用餐具，做到不露怯、不丢面、不失礼。

- 正所谓"美味还须美器盛"。中国人非常注重餐具的选择和餐具使用礼仪。
- 筷子代表的不仅仅是一种饮食工具，更是我国传统文化的标志之一。
- 在国宴中，结合主题设计的各类陶瓷餐具，有时不仅能体现中国文化的博大精深，还是对非物质文化遗产的传承与创新。

任务达标

扫描下方二维码,观看慕课视频,完成测试。

慕课"中餐餐具的使用"

测试

思考:在使用中餐餐具的过程中,有哪些经常会犯的小错误需要我们多加注意呢?

33 餐桌上隐藏的软实力

> 美食者不必是饕餮客。
> ——梁实秋《雅舍谈吃》

人们常说:我们在品味食物,别人却在品味我们。判断一个人的人品如何,和他吃一顿饭就知道了。因为一个人的气质风度往往能透过其在餐桌上展露的举止、言谈,见微知著。可见,餐桌礼仪对于塑造个人形象起着至关重要的作用。

落座
参加中餐宴席时,得体地落座是一个人具有良好教养的表现。

让座
宴席开始后,应按照已经排好的桌次和座位找到自己的位置,安静地坐下。

如果主人未指定座位,则要表现出适当的礼让。让年长者和地位高的客人先落座。

主人两侧的位子是上座,普通宾客要避开这些位子。

入座
最得体的入座方式是先把椅子稍稍拉开后再从左侧入座。切忌弄出很大的声响让人觉得鲁莽。

坐下后,身体和桌子应保持约1~2个拳头的距离。要坐得端正,双腿靠拢,背部不可以靠在椅背上,一般坐满椅子的三分之二即可。

入座后,客人应等待主人举杯示意开席后才能开始。客人不能抢在主人举杯之前举杯或者取食。

开席
所谓的开席包含了谁来开席、谁来开菜的问题。

当客人特别是主要客人落座之后,主人就可以用第一杯酒开席了。主人开酒也就意味着宴席开始了。

之后由主人邀请主宾开菜。这时主宾应礼貌开动,千万不要过于推让。主宾可以说"来来,大家一起",这时主人也要陪主宾一起开菜。

一般来说,上来的每一道新菜,如果主宾尚未动筷,其他人不宜率先取食。如果同桌有领导、客人或长辈,应请他们先动筷,以示尊重。

职场礼仪

取菜

同方向转动转盘
夹菜时，所有人都应按照主人或主宾的习惯同方向转动转盘，这样取菜时就会比较有规律。一般顺时针转动转盘的情况比较多，但有些人也喜欢逆时针转动。

照顾邻座
在第一轮取菜后，可以将菜肴转到邻座的正前方。邻座伸手夹菜时，不要将自己的手越过对方的手呈交叉夹菜，应等对方取完后再夹菜。

注意观察
每次在转动转盘前，应先环视是否有人在夹菜，不要因为自己粗心让别人尴尬。当有人正在转动转盘时，不要"半途拦截"，应等对方取完菜后，再将想要品尝的菜肴慢慢转到身前。

靠近原则
取菜时从靠近自己的盘边夹起，不建议从中间下筷子。不可站起或越过别人去夹菜，每次取菜不宜过多。

劝菜

用餐时讲究"己所不欲，勿施于人"。可能我们都遇到过非常热情好客、喜欢帮人夹菜的亲朋好友。但在中餐礼仪中有一句话，"请菜不夹菜"。可以请客人多用一些或是品尝一下菜肴，但切勿擅自做主，不停地为他人夹菜。

在正式宴请中，正确的做法应该是向客人介绍此地、此饭店菜品的特点，吃不吃由客人决定，尤其是对待外宾时。如果要给客人或长辈夹菜，最好使用公筷或公勺。

进餐

吃饭不出声
大多数人都知道吃东西、喝汤时不应该发出声音，但却忽略了吃饭说话的问题。参加商务宴请最好闭嘴咀嚼、细嚼慢咽。口含食物与人交谈不太礼貌。

不吃高难度的菜
如果对自己的用餐技术不那么有信心，就尽量别去夹带壳、带骨的食物。这一点在第一次约见重要客人的时候尤其重要。此外，尽量少吃可能产生口腔异味的食物。

说话低声
中国人用餐喜欢热闹，但也要尽量小声说话。尤其要注意，不要大声喊叫服务人员。

收起手机
在正式的商务宴会上，建议大家收起手机，不要让手机出现在餐桌上。玩手机、刷朋友圈或者边看手机边聊天都是用餐时非常不礼貌的行为。

妥善处理突发事件

如果在用餐过程中，不慎将酒、水、汤汁溅到他人衣物上，应立刻表示歉意，递上纸巾。如果是女性之间，可以陪同对方到洗手间进行简单的处理。

离席

参加宴会时，最好不要中途离去。万不得已时应提前向主人说明原委并道歉。用餐后，应等大家都放下筷子，主人示意散席后才能离座。宴会结束后，应依次到主人面前握手表达感谢。向主人告辞时，不要拉着主人不停地说话，以免妨碍主人送其他客人。

现代礼仪认为吃饭有三个境界：第一个境界是要有好的吃相，这是每个人都要学会的，是人与动物的分水岭；第二个境界是要懂得餐桌礼仪，这一境界需要花时间学习，但却是社会人、职场人的重要技能；而修炼的第三个境界是不仅有好的吃相和餐桌礼仪，还应具备格调和品位。这一境界可能是一个人一生的修行，需要我们慢慢地培养。

- 咽下去的是美味，散出来的是教养。好的教养体现在无可挑剔的餐饮礼仪中。
- 作为职场新人，在餐桌上不一定都能做到交际娴熟，但至少要做到守礼、不犯忌。
- 餐桌上的"说"，要适可而止，不能没完没了。

任务达标

扫描下方二维码，观看慕课视频，完成测试。

慕课"中餐用餐礼仪"　　　　测试

思考：如何理解"食不言，寝不语"？

34 餐桌上的"兵器铺"

> 在宴席上最让人开胃的就是主人的礼节。
> ——威廉·莎士比亚

国外有一项调查显示，49%的被调查者认为成功的商务会谈，除了在办公室，就是在餐桌上。作为一名职场人，要出色地完成工作，还需从办公桌走向餐桌，和客户、同事、合作伙伴一起用餐。对于一场成功的商务会谈，用餐技巧非常重要，在用餐时缺乏礼仪往往是不可原谅的。

西方人秉承的礼仪文化与我国有所差异，所以有关中西餐的礼仪区别也很大。中西餐礼仪的第一大差别就在于餐具的使用。刀叉的使用并不难，但吃一顿正统的西餐，至少要使用20种以上的餐具，仅仅是刀和叉就不止10种，这样大家还会觉得简单吗？所以，我们经常会把西餐的餐具称为餐桌上的"兵器铺"。

西餐餐具的种类

西餐延续的是游牧文化的风格，食物以火烤为主，用刀叉撕裂，用平盘承载。所以西餐中的餐具主要包括刀叉、匙子、盘子、杯子等。西餐餐具如图7-3所示。

图7-3　西餐餐具

刀叉

在正式的西餐宴请中，刀叉的使用最为复杂。这是由于西餐的菜品比较复杂，吃不同的食物使用的刀叉也不尽相同，而且要吃一道菜换一副刀叉。

西餐刀一般分为前餐刀（吃开胃菜）、鱼肉刀、白肉刀、红肉刀和黄油刀等。其中，比较特别的是鱼肉刀，因为它和其他刀的样子完全不同，鱼肉一般比较嫩，所以鱼肉刀不需要锋利的齿就可以很容易地把鱼肉切开。前餐刀比吃肉的刀小，红肉刀比白肉刀锋利。在用餐者左手边小盘子里放的小刀即黄油刀，主要是用来涂抹黄油。

西餐中的叉子和刀是相互对应的，在餐盘的两边，有几把刀就有几把叉子。叉子中比较特别的也是鱼叉，因为一般的叉子是四个齿，而传统的鱼叉是三个齿，当然现在也出现了四个齿的鱼叉。吃白肉和红肉的叉子是一样的，前餐的叉子要比鱼叉小一些。此外，在吃甜点时我们会使用甜点叉，它摆放在身前盘子的上方。

西餐刀叉如图7-4所示。

图7-4 西餐刀叉

匙子

在西餐的餐桌上,我们见到最多的就是三把匙子,一把大的,一把中等大小的,一把小的。大的匙子用来喝汤;中等大小的匙子用来吃甜品;小匙子用来搅拌咖啡或茶的。

在使用匙子时需要注意三点:一是汤匙和甜品匙不能交叉使用;二是使用时匙子一次不要装太满;三是已使用过的匙子不要放回原处,应放在餐盘上,表示已经使用过。

盘子

在西餐的餐桌上,盘子的使用也非常讲究。

餐盘可以结合当日每道菜品进行搭配,但建议不同餐盘应选择同一主题与材质。

放在身前的装饰盘直径较大,在每道菜品换盘时,它可以让桌面看着不会空荡。主菜的餐盘一般比开胃菜的大。

西餐中用来盛汤的器皿和中餐中的非常不同,西餐一般使用特殊的深盘来盛汤,而在意大利,人们也习惯用"双耳"碗来盛汤。西餐汤盘和"双耳"碗如图7-5所示。

和黄油刀搭配的会有一个面包盘,一般是放在用餐者左手边的位置。如果没有提供面包盘,则可以把面包直接放在该位置的桌布上。

图7-5 西餐汤盘和"双耳"碗

杯子

在西餐中,不同的菜品需要搭配不同的酒,所以西餐中使用的杯子也是五花八门的。喝香槟、红葡萄酒、白葡萄酒、啤酒、烈性酒和水的杯子都是不一样的。西餐杯子如图7-6所示。

喝红葡萄酒的杯子比较大,而且有个肚子;喝白葡萄酒的要相对小一些;喝香槟的杯子又细又长;喝烈酒的杯子又矮又胖。

职场礼仪

图 7-6 西餐杯子

西餐餐具的摆放

西餐餐具的摆放有四大要领，具体摆放要求如图 7-7 所示。

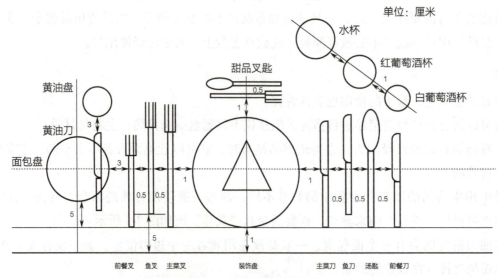

图 7-7 西餐餐具摆放要求

要领一：左叉右刀，汤匙在右。

叉子放在餐盘的左边，刀子和匙子放在餐盘的右边，并根据对应的菜品，按从外向里使用的先后顺序摆放。

要领二：叉匙朝上，刀锋朝里。

在大部分情况下，西餐的叉子和汤匙是朝上摆的，刀子的刀锋要朝向里面。

要领三：盘上甜品，上匙下叉。

品尝甜品的匙子和叉子放在主餐盘的上方，而且上匙下叉，匙把朝右，叉把朝左。

要领四：固体在左，液体在右。

也就是说，面包盘永远在左边，杯子永远在右边。

西餐餐巾的使用

餐巾的暗示

在西餐礼仪中，如果主人没有就座并暗示开席，其他人是不能开始用餐的。

餐巾是用餐时无声的信号。主人铺开餐巾，就是在暗示用餐开始。我们要掌握好拿起餐巾的时机，展现出自己平和、冷静的气质。

而主人把餐巾放在桌子上，就是在暗示用餐结束。此时，无论是否已经吃饱或吃完，都不能再继续用餐了。

切记，用餐前不要急于触碰桌子上的物品。

餐巾即"口布"

餐巾除了用于暗示就餐的开始与结束外，最主要的用途是用来擦嘴，如图7-8所示。在酒店的专业术语中，我们把餐巾称为"口布"。

为了保持餐巾擦嘴的部分永远干净，使用时应将其折叠平整，擦嘴时应永远使用里面的部分。即使使用后会使餐巾留有污渍，但应确保餐巾从外面看上去一直是整齐干净的。切记绝不能用餐巾擦脸、擦汗、擦餐具。

如果在使用过程中，餐巾不小心掉到地上或者餐巾不干净了，可以请服务人员换一块新的餐巾。

图7-8　西餐口布

餐巾的使用方法

在用餐时，应将折叠好的餐巾先放在腿上，之后再打开。打开后将餐巾对折，开口向外，平铺在自己并拢的大腿上。最好用双手打开餐巾，将折放的过程悄悄地在桌子下面完成。

切勿将餐巾抖开吸引他人注意；切记不能将餐巾围在脖子上，那是婴儿的做法；也不要把餐巾塞在口袋里，让人误以为要把它带走。

在用餐期间，除非要起身，否则餐巾应该随时盖在腿上。如果暂时离开座位，可以将餐巾折叠一下放在椅子上，回来后将餐巾按原来的样子放回到腿上。

在用餐结束时，餐巾只需叠放在桌子上即可。可以从中间拿起餐巾，将其松散地放在盘子的左边。切记不要将餐巾折叠得整整齐齐，好像没有使用过一样，这是对菜肴表示不满的暗示，当然也不要将餐巾揉成一团乱放在桌子上。

西餐刀叉的使用

刀叉使用的方法

左手拿叉，右手拿刀，手肘自然打开，夹肘旋腕，这是吃西餐的基本姿态。刀和叉的拿法都是将食指伸直，按住刀叉的背部，利用拇指和食指来控制刀叉的使用。大多数人在切东西时，是用左手拿叉按住食物，再用右手拿刀将食物切成小块，但也有很多"左撇子"在使用刀叉时是"左刀右叉"。

刀叉摆放传递的信息

刀叉还有另外一项非常重要的功能，就是传达"用餐中"和"用餐完毕"的信息，具体如图7-9所示。

用餐中：当把刀叉摆放成"八"字形，叉齿朝下、刀锋朝里放在餐盘上时，表示还要继续用餐。

用餐完毕：当把刀叉并列摆放，叉齿朝上、刀锋朝里放在餐盘上时，表示用餐已结束。

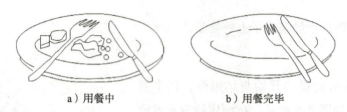

a）用餐中　　　　　b）用餐完毕

图7-9　西餐刀叉的暗示

刀叉使用的宝典

使用西餐刀叉还有一些小技巧和注意事项。

在用餐时，如果所有的刀叉都摆放在桌子上，我们只需从最外面用到最里面即可。但如果餐桌上没有摆放刀叉，那服务人员会根据顾客所点的菜品送上对应的餐具。无论桌面是否摆放刀叉，吃完一道菜后，服务人员都可能把使用过的刀叉一起撤掉，这时候千万不要再要回来，因为下一道菜需要使用新的刀叉。

在用餐过程中，千万不要手持刀叉四处挥舞摇晃，这是很不礼貌也是很危险的动作。拿刀叉时，不要翘起兰花指。没有使用过的刀叉放在餐桌上，使用过的放在盘子里。

在西餐餐具使用中，要懂得吃不同的菜、喝不同的酒，应搭配不同的餐具。

- 在正式的西餐宴会上，通常讲究吃一道菜，换一副刀叉，喝一种酒，换一个杯子。
- 在西餐中，主人铺开餐巾，就是暗示用餐开始；主人把餐巾放在桌上，就是暗示用餐结束。
- 西餐中的刀叉和餐巾都可以传达出"用餐中"和"用餐完毕"的信息。

任务达标

扫描下方二维码，观看慕课视频，完成测试。

慕课"西餐餐具的暗示"　　　测试

思考：我们要如何化解西餐餐具使用不当或者使用不熟练的尴尬呢？

35 一道一道的盛宴，你会吃吗

> 美德是精神上的一种宝藏，但是使它们生出光彩的则是良好的礼仪。
> ——约翰·洛克

在西餐礼仪中，桌子的使用和中餐也有所不同。中餐使用圆桌，注重人们共同分享食物的过程；而西餐多使用方桌，一般采用分餐制。在正式的西餐宴请中，菜品是被一道一道地呈现到宾客面前，我们称之为西餐的七道菜。

西餐的七道菜

西餐的主要特点是主料突出、口味鲜美、营养丰富，烹饪时较多使用橄榄油、黄油、番茄酱等调味料。

第一道菜：开胃菜

开胃菜也被称为头盘，味道以酸、咸为主，在西餐中充当"前奏曲"的角色。鱼子酱、鹅肝酱、熏鲑鱼都属于开胃菜，这类菜品虽然量少，但质量较高，如图7-10所示。很多时候，我们也可以用开胃酒来代替开胃菜。

第二道菜：汤

在我国，人们习惯于先吃菜，再喝汤。但在西方国家，人们习惯在吃主菜前喝汤。

西餐中的汤要比中餐中的汤更浓一些，常见的有奶油汤、蘑菇汤、俄式罗宋汤、法式葱头汤、意式蔬菜汤、美式蛤蜊汤等，如图7-11所示。

图7-10 西餐开胃菜

图7-11 西餐汤

第三道菜：副菜

西餐的第三道菜，也就是我们说的副菜，一般会使用海鲜作为食材，比如海水鱼、贝壳类和软体动物类,如图 7-12 所示。

第四道菜:主菜

主菜主要以肉、禽类菜肴为主,原料一般取自牛肉、羊肉、鸡肉等,比如我们比较熟悉的牛排就属于主菜。主菜常常会搭配蘑菇汁、西班牙汁、黑椒汁、红酒汁等,如图 7-13 所示。

图 7-12 西餐副菜　　　　图 7-13 西餐主菜

第五道菜:沙拉

在美国,沙拉(图 7-14)会在主菜前面或者和主菜搭配一起吃。但欧洲人更喜欢吃完主菜,再吃沙拉。因为欧洲人喜欢一边吃肉一边喝葡萄酒,而在喝葡萄酒的时候是不太适合吃沙拉的。

第六道菜:甜品

比较常见的西餐甜品有冰淇淋、布丁、奶酪、蛋糕等,如图 7-15 所示。

图 7-14 西餐沙拉　　　　图 7-15 西餐甜品

第七道菜:咖啡或茶

西方人在用餐结束前会喝一杯咖啡帮助消化,这就和很多中国人饭后喜欢喝茶的道理是一样的。当然,也会有西方人选择喝红茶或者是餐后酒。

在正式的商务宴请中,宾客是没有权利选择菜品的,每一道菜都是提前确定好并呈现在宾客面前。但如果是日常用餐,七道菜可能会变成四道菜,一般会选择汤、主菜、沙拉、甜品或咖啡;或者更少,比如只有主菜。

如果大家不擅长选择西餐菜品,最简单的方式就是询问一下服务人员,或者在菜单里找找"主厨推荐"。

吃西餐时,很少有人会在盘子里剩下食物,所以建议大家不要"眼睛大、胃口小"。在点菜时可以根据自己的喜好先选择自己想吃的主菜,然后根据自己的食量搭配其他喜欢的菜品。

不同菜品的进食方法

餐饮本身就是一种文化，即使比较常见的食物，中西餐的吃法也会有很大区别。这里我们就聊聊几种大家看似熟悉，但吃起来经常会出错的食物。

鸡蛋

媛媛老师在国外学习期间就曾经被问到过一个和鸡蛋有关的问题："早餐的鸡蛋要吃几分钟的？"什么意思？我要吃煮熟的鸡蛋呀。后来我才意识到，几分钟其实代表的就是几分熟，就像牛排有三分熟、五分熟、七分熟和全熟的一样。

西方人喜欢吃半生的鸡蛋，所以他们吃鸡蛋的方式和我们的完全不同。他们把鸡蛋放在专门的鸡蛋杯里，如图7-16所示，用匙子把鸡蛋从顶部敲开，然后拿掉上面的鸡蛋壳，再用勺子把鸡蛋掏出来放在盘子里吃，或者掏出后直接吃。

有时我们也会遇到剥好皮的鸡蛋，比如西餐的沙拉中经常会有切好的鸡蛋，这种鸡蛋都是全熟的，所以用叉子来吃就可以。

图7-16 西餐鸡蛋杯

面包

除非是吃早餐或者简餐，否则面包不能直接用嘴咬着吃。

在一道一道的西餐盛宴中，应该用手撕下一口大小的面包送入口中，边撕边吃。如果面包比较硬，可以用刀切成小块后再吃。

吃面包时，我们经常会涂抹黄油、蘑菇酱等。正确的做法是，左手拿面包，右手撕一小块，然后把大面包放在左手的面包盘内，用左手拿着撕下的小面包，右手持黄油刀将黄油涂抹到面包上再吃。不能拿着面包直接从黄油盘里抹黄油，也不能拿面包来蘸汤或蘸盘子里剩下的酱汁。

汤

西餐中讲的是"吃汤"，而不是喝汤。汤是用汤盘来盛的，而且西餐中的汤要比中餐的汤更浓一些。西餐"吃汤"的方法是，用握铅笔的姿势握住汤匙，从内往外舀，先吃距离远的，再吃距离近的。当汤匙到达盘子边缘的时候，轻轻地点两下，再将汤送入口中。

"吃汤"时，不能端起来喝，不能吸着喝，不能舔嘴唇，不能发出声音。即使汤再热，也不能用嘴吹。即使汤再好吃，也不要去舔汤匙。

如果汤汁剩下不多，可以将盘子稍微倾斜，但要注意的是不要让汤匙刮到盘底而发出声音。

吃完后，应将汤匙留在汤盘里，千万不要把汤匙放在桌布上。

沙拉

想要优雅的吃沙拉，其实很简单。先用叉子压住蔬菜，用刀把大片的叶子切成小块，再放入口中即可。

意大利面

由于餐具的不同，西餐中面条的食用方法也与中餐的截然不同。正确的做法是用叉子将面条

职场礼仪

卷起后再放入口中。我们还可以使用叉子和匙子配合来吃意大利面，虽然在很多国家被认为是"孩子的吃法"，但却可以吃得从容大方、干净利索。

如果吃的是其他形状的意大利面，如意大利饺子、通心粉等，就直接用叉子吃即可。需要注意的是，吃面的时候不要用嘴吸，也不要发出声音，这是西餐中最基本的礼仪。

牛排

牛排对于我们来说已经是非常熟悉的西餐美味，但美式和欧式的吃法略有不同。我们经常会看到大家将牛排全部切成小块，再用叉子来吃，这就是美式吃法。但在正式的商务宴请中，边切边吃的欧式吃法不仅能让我们变得更优雅，也会使食物更美味。

西餐的咖啡与茶

无论是商务社交还是休闲聚会，咖啡或茶都备受大家的喜爱。在饮用咖啡或茶时，我们同样要严格遵循西餐礼仪。

咖啡

喝咖啡十分讲究情调。无论咖啡有多烫，都不能用嘴去吹，可以用咖啡匙在杯中轻轻搅拌使之冷却，或者等自然冷却后再喝。

拿咖啡杯时，要用食指和大拇指捏住杯耳，千万不要把手指完全伸入杯耳中。

喝咖啡时，可以根据个人口味在咖啡中添加牛奶和糖。撕开的糖袋不要乱扔，可以放到咖啡杯下面的小盘子上。加入牛奶和糖后，用咖啡匙慢慢地搅匀，搅拌时不要发出声音，搅拌后将匙子放回咖啡盘中。切记不要把匙子一直放在咖啡杯里，因为咖啡匙是用来搅拌而不是用来喝咖啡的。

如果是在餐桌前喝咖啡，咖啡碟是不需要拿起来的。

茶

"当下午时钟敲响四下时，世上的一切瞬间为茶停止。"这句谚语非常贴切地诠释了英式下午茶的风尚。

英国茶文化始于17世纪中期。1662年，葡萄牙酷爱饮茶的凯瑟琳公主嫁与英王查尔斯二世，饮茶风尚自此带入英国皇室。19世纪中期，因为从简便的午餐到礼节繁复的晚餐时间相隔甚久，英国贝德芙公爵夫人打造了下午茶时光，这也是所谓的"维多利亚下午茶"的由来。

其实西餐中的茶，尤其是红茶的喝法和咖啡的喝法基本相同，西方人喝茶喜欢加糖或牛奶。

除了西餐的七道菜以外，西方人还有很多其他不同的饮食习惯。比如西方人喝冷牛奶，不喝热牛奶；西方人喝热水要和咖啡、茶、柠檬等一起冲泡，喝白水一般只喝冷水。

世界各地的美食丰富多彩，饮食习俗也各不相同，关于西餐的菜品还有很多，剩下的就留给大家慢慢地去发现和体会。

- 西餐的菜品包括开胃菜、汤、副菜、主菜、沙拉、甜品、咖啡或茶。自主点餐时，应按照自己的食量选择，七道菜不需要都点，但也不能只点开胃菜。
- 不同国家对待同种食物的烹饪或食用方式都会有很大的差别。
- 随着经济全球化的发展，中西饮食文化也在不断地碰撞和融合。学习西餐礼仪的目的就是要学习文化的接受与包容。

任务达标

扫描下方二维码，观看慕课视频，完成测试。

慕课"西餐七道菜"

测试

思考：法式、英式、意式菜肴之间的区别。

36　与餐酒的"热恋"

> 酒可以搭配任何菜，但对法国人而言，酒是用来搭配人生的！
> 酒使任何菜色合时宜，使任何餐桌更优美，也使每天更文明。
> ——安德烈·路易斯·西蒙

西餐的特点是可以令人在用餐的同时，享受一种优雅、浪漫和温馨的氛围。酒是一种能够营造浪漫氛围的特殊饮品，所以酒在西餐中有着特殊的地位，它不仅种类多，而且各有各的配菜，各有各的喝法。一般来讲，吃西餐时，每道菜肴要搭配不同的酒，吃一道菜便要换上一种酒。

餐酒与菜品

西方国家对酒的功能和种类的研究源远流长，也十分讲究。一套完整的西餐流程，主要有三道酒。

第一道酒：餐前酒

餐前酒也称开胃酒，它大约在餐前30分钟左右时饮用，或者和开胃菜搭配饮用。

饮用餐前酒可以营造气氛，打发等待料理的时间，通过轻微的刺激胃部，增加用餐时的食欲。因此，餐前酒一般选择糖分低、酒精浓度低、口感清爽的种类。

不会喝酒的人，也不用勉强点餐前酒。但也不建议点果汁，因为果汁会妨碍我们品尝料理的美味，所以矿泉水其实是不错的选择。但无论选择哪款餐前酒，都不宜喝太多，以免影响后面的正常用餐。

第二道酒：佐餐酒

佐餐酒是在正式用餐期间饮用的酒水，通常配合主菜和副菜饮用。西餐里的佐餐酒以葡萄酒为主。

葡萄酒按色泽可区分为红葡萄酒、白葡萄酒和玫瑰红酒。选择哪款葡萄酒应该与菜品的口味相搭配。传统来说，白葡萄酒宜搭配鱼肉、白肉（比如鸡肉）或酱色不深的肉；红葡萄酒宜搭配红肉，比如牛肉、羊肉、猪肉，或酱色浓厚的肉。但如果我们选择了一道用红酒做的酱汁鸡，那最好选择红葡萄酒而不是白葡萄酒来搭配。所以，我们还要根据菜品的风格来点酒。如果我们对酒并不是太了解，可以向餐厅的服务人员告知我们的菜品、预算和喜爱的酒类口味，请他们帮忙挑选。

此外，葡萄酒按含糖量可分为干、半干、甜三类。搭配菜品时，我们一般更倾向于选择干或半干的葡萄酒，因为偏甜的酒会增加饱腹感，在前餐和正餐的时候并不是很推荐。

第三道酒：餐后酒

饮用餐后酒不但能够帮助消化，还可以帮助我们沉浸地享受用餐后的美好气氛。试想一下，当我们在品尝最爱的甜品时，搭配一杯含糖量和度数较高的酒，心情会不会更加愉悦呢？和餐前酒一样，餐后酒也不是非喝不可，很多人习惯用一杯咖啡或茶来代替餐后酒。

在正统的法餐里，我们讲求的是搭配原则。什么时候喝什么酒主要看搭配什么菜品和主题。比如鸡尾酒既可以是餐前酒，也可以是餐后酒，因为可以调制出的鸡尾酒的品种真的太多了。只要搭配合理，无论是在餐前还是餐后饮用，都是一杯合适的酒。

餐酒与杯子

在西餐中，喝不同的酒要搭配不同的杯子是因为酒杯的形状、大小、弧度都会改变酒的味道。

红葡萄酒杯

一般来说，红葡萄酒应该搭配口径和杯肚较大的酒杯，以增加醒酒的效果。因为红酒在和氧气接触后能完美地释放出酒的香醇。如果品尝的是陈年的红酒，建议选择更大的红酒杯，这样才能更快地散掉常年存放的陈腐气味，以免这些气味干扰酒的醇香。

白葡萄酒杯

白葡萄酒适合低温饮用，因此白葡萄酒杯的口径和杯肚相对于红葡萄酒杯要小些，以减缓回温，聚集酒的香气。

香槟杯

香槟杯通常口径小、杯身狭长，这样的形状可以更好地将香槟的气泡漂亮地展示出来。

西餐酒杯的拿法

在西餐中，除了喝不同的酒要用不同的杯子外，喝酒时酒杯的拿法也很重要。

无论是品尝适合在常温下饮用的红葡萄酒，还是适合冰镇后饮用的白葡萄酒、香槟或鸡尾酒，我们都应该握住酒杯的杯脚部分，而不要用手握住杯身。因为手的温度会影响到酒的温度，从而改变它的风味。

但当喝白兰地或者威士忌等西方烈酒时，可以用手掌由下往上包住杯身，更适度地引出这些烈酒的香醇。

餐酒与礼仪

在正式的商务宴请中，正餐的餐酒都是葡萄酒。有关葡萄酒的礼仪十分烦琐，但真正喝葡萄酒的乐趣其实就在于此。想要真正感受到葡萄酒的内在品质和它带给人的愉悦，不讲究葡萄酒礼仪是不行的。

试酒

当选择好餐酒后，服务人员会将酒的标签展示给试酒的客人看，待客人确定无误后，才会将

职场礼仪

软塞拔出，打开酒。

试酒主要有以下四个过程。

过程一：闻木塞。

服务人员取出软木塞后，会将木塞放入盘子请试酒的客人检查。客人闻软木塞，如果可以闻到芬芳的果香和馥郁的酒香且没有异味，就能进一步确认酒的品质。如果不是专业的品酒师或行家，这一步也可以省略。

过程二：观酒液。

拿起盛着葡萄酒的酒杯，向外微微倾斜，先看看酒杯内是否有木屑之类的东西，它们会影响酒的品质；然后观察酒缘微妙的色晕，越清淡或越陈年的酒，酒缘越宽；微微晃动酒杯还可以观察酒液顺流而下的酒痕，越是浓厚的酒流动速度越慢。

过程三：嗅酒味。

拿着酒杯向内逆时针轻轻摇晃 2~3 次，使葡萄酒中的酸性物质充分和氧气混合，从而散发出诱人的香味。摇晃后闻一闻，年份较新的酒闻起来会有果味，而久酿的酒则有复合香味。即使我们不是品酒专家，闻一闻酒的味道还是有必要的。

过程四：尝味道。

喝一小口酒，不要太多，也不要太少，在舌间慢慢打转，充分体会酒的酸甜和口感之后，再缓缓吞下。如果试酒结果满意，便可示意服务人员继续倒酒。

斟酒

在试酒后，向服务人员示意，请他们根据客人的重要程度依次斟酒，顺序应该是从主宾开始，再给其他客人斟酒。

斟酒时，酒瓶不要碰到酒杯口，一般以三分之一满为宜，切勿倒满酒杯。斟完酒移开瓶口时，应略转一下瓶身以免滴下多余的酒液。

当服务人员为我们斟酒时，原则上不需要用手捧着酒杯，只要将手放在桌面上或放在膝盖上即可。

敬酒与祝酒

无论在中餐宴请还是西餐宴请中，敬酒都是一门学问。敬酒者要注意观察在场者的身份、职位高低、年龄大小等。

无论什么时候，主人都应该先敬酒并伴有祝酒词，但这个环节的时间不尽一致。主人可以在刚入席时致祝酒词；也可以在主菜之后甜品之前由主人致祝酒词、客人致答谢词。

主人祝词时，参加宴会的所有人员都要暂停用餐，专心聆听，以示尊重。主人敬酒后，客人才可以开始敬酒。客人应先向主人敬酒，其次向重要的领导、长辈等敬酒，最后再按由近而远的顺序敬酒。

正确的敬酒姿势是上身挺直，双腿站稳，举起酒杯，轻轻相碰后再饮。

无论是主人还是客人，在接受敬酒时若不能离席，距离较近者可以举杯轻碰，距离较远者可以点头、举杯致意。

请记住，无论我们是否喝酒，都要参与敬酒的过程。

喝酒、劝酒与拒酒

在西餐中，即使说了干杯，也只是浅酌即可，无须将杯中酒全部喝光。所以劝酒有度，勿强人所难，特别是不要强迫不会喝酒或不宜喝酒的人喝酒。

如果我们在用餐时不想再喝酒了，可以在服务人员前来倒酒时，用手轻轻盖住酒杯即可，或者说"不用了，谢谢"。

女士在喝酒的时候要特别注意，尽量不要将口红印留在酒杯沿上。建议用餐时最好使用不易脱色的口红，或者喝酒前用面巾纸轻轻按压嘴唇，这样就不容易留下口红印了。

葡萄酒在西方拥有着古老的历史与文化，它经历了岁月的沧桑，蕴含着自然的神奇，散发着迷人的果香。随着西餐的流行，葡萄酒不仅可以在西餐宴请中使用，也可以在中餐里用来搭配菜肴。所以掌握葡萄酒礼仪是十分实用的。

- 西餐酒水讲求的是搭配的原则——时间与酒水的搭配，菜品与酒水的搭配，杯子与酒水的搭配。
- 在商务宴请中，白酒要斟满，而葡萄酒只需斟三分之一满即可。
- 在西餐酒水礼仪中，即使说了干杯，也只是浅酌即可，无须将杯中酒全部喝光。

任务达标

扫描下方二维码，观看慕课视频，完成测试。

慕课"西餐饮酒礼仪"

测试

思考：拒酒是让很多职场人非常头痛的事情，大家知道哪些比较好的拒酒方式呢？

37 绅士和淑女的优雅

> 一个有教养的客人不应该吃掉所有的盛宴,更不能包揽所有的谈话。
> ——乔治·赫伯特

畅销书《企业造雨人》中曾经写道:"如果你拿餐叉的姿势如同花匠握着泥铲把食物铲到嘴里,喝汤时吧唧嘴,或者边吃饭边说话,你不可能得到新客户,也不可能留住老客户。欠妥的餐桌礼仪,说明你是一个不在乎他人、过度自恋、缺乏教养的人。"那我们在用餐时,怎样做才能像绅士和淑女一样优雅呢?

赴宴守则

赴宴的守则有三条。

守则一:尽管主人处于宴会的主导地位,但宴会开办的成功与否,与客人应邀赴宴的配合程度也密切相关。在宴会举办前,作为被邀请人会接到邀请函,不管能否赴约,都要在最短的时间内给出答复。如果因各种原因无法应邀,应婉言谢绝。如果接受邀请,则尽量不要随意改变决定,准时出席。如遇特殊情况无法赴约时,应提前说明并表示歉意。若是作为主宾无法赴约,我们更要郑重其事地向邀请人说明,有必要时应登门致歉。

守则二:赴约时要掌握时间分寸,千万不可以迟到,因为这样做非常失礼;但如果过于提前到达,主人还没有将一切准备妥当,难免也会让主人感觉尴尬。参加宴会前,要花些心思精心打扮,尤其是要注意配合宴会的主题和着装要求。妆容可以比平时浓一些,但也不要太浓。香水的使用要适度,以免影响到餐品的味道。

守则三:抵达宴会地点时,应及时向礼貌相迎的主人问好并致意。如果是参加家宴,可以按照主人的喜好送一些鲜花、红酒等作为见面礼。

入席守则

入席守则要牢记以下三条。

守则一:入席时,应按照服务人员的引导找到自己的位置,并从椅子左侧入席。参加家宴时,若邻座客人中有长者或者女士,年轻人或男士可以绅士地帮邻座的长者或女士拉开座椅后再自行落座。而在商务宴会中,男士则不需要为女士拉开座椅,更不需要在用餐期间关注女士是否需要起身。女士若遇到帮忙拉开座椅的男士,应该转头侧身表示感谢。

守则二:入座后,腹部应该距离桌子大约两拳,坐姿要端正,背部不可以靠在椅背上,一般臀部坐满椅子的三分之二即可。不可伸直腿，不可跷二郎腿，不可将胳膊肘放在桌面上，也不要随便摆弄餐台上已摆好的餐具。

守则三：不要将手提包、钥匙、手机等放在餐桌上。如果手提包很小，则可以把它放在膝盖上盖上餐巾，或者放在身后；大的手提包或者公文包可以放在脚边。

用餐守则

用餐时需要注意的内容比较多，一共有九条守则。

守则一：用餐时，身体不要过于接近餐盘，不要端起盘子来用餐。

守则二：在品尝西餐时，人们很少与他人交换餐盘品尝菜品。如果想与他人分享，应该请服务人员将菜品分盘后再端上桌来；或者在用餐前请服务人员多拿一个盘子，把未品尝过的菜肴放在新盘子里。

守则三：在餐厅吃饭时，如果刀叉掉在地上，不要自己弯腰去捡，可以请服务人员再拿一把。如果参加家宴，餐具掉在地上应该自己捡起来，然后再向主人要一把。

守则四：服务人员的工作是为了使客人能更愉快地用餐。在服务人员服务期间，我们可以通过微笑或者点头来表示感谢，不需要每次都说"谢谢"，但也不能毫无反应。

守则五：用餐时，尽量不要发出声音，尤其在喝汤时需要更加注意。不要把座椅、餐桌、餐具弄出怪异的声音，不要高声谈笑或者接听电话，也不要大声招呼服务人员。如有需要，可以面向服务人员稍微抬手示意，不要影响到他人用餐。

守则六：口中有食物时应避免说话。如果有人在此时与自己说话，可用餐巾掩住嘴，并向对方示意稍等片刻，待把食物吞下后再与对方交谈。同样，如果看到别人口中有食物时，也不要向对方发问。

守则七：在用餐时，如果想打喷嚏、咳嗽或流鼻涕，应该用餐巾轻轻掩住口鼻，尽量不要影响他人，之后可补充一声"对不起""不好意思"。如果真的觉得身体不适，应该暂时离席，到洗手间整理好后再返回。

守则八：如果需要拾取离自己较远的物品，如调味料等，可以礼貌地请周围的人帮忙传递，千万不要伸长手臂去取，因为在一些文化中，身体越过食物是很不礼貌的行为。

守则九：不要在餐桌上梳妆，如果需要，可以在洗手间或化妆间整理妆发。用餐时，吸烟也是一项禁忌。在很多国家，封闭的空间包括餐厅内，都是不允许吸烟的，吸烟必须在专门的空间或者露天场所才可以。

餐后守则

用餐结束后，也有一些原则需要我们注意。

守则一：用餐完毕后要向主人道谢告辞，以示尊重和谢意。

守则二：若需提前离席，应在宴会开始前就向主人说明情况，离开时向主人打过招呼、表示歉意后方可离开。离开的时机也很重要，不要在有人讲话时提出告辞。也不要大张旗鼓地与他人一一道别，更不需要主人离席远送。

 职场礼仪

守则三：有礼貌的客人会在宴会结束后三天内通过邮件、短信或电话的方式，再次向主人表示感谢。

商务宴会在商务活动中的地位是不可取代的，无论是中餐宴请还是西餐宴请，得体的用餐礼仪都非常重要，它可以帮助我们推销自己，与他人建立关系。作为主人，宴请中最重要的事情是让客人感到舒服；而作为客人，最重要的应该是让主人感觉被尊重。我们要学会换位思考，"主随客便"的同时也要"客随主便"。恰当、正确地用餐是尊重其他用餐者的一种重要表现。

- 在西餐礼仪中，赴约的时间要掌握分寸，不可以迟到，也不应过早到达。
- 用餐时，不要把盘子端起来进食，不与他人交换食物，不发出声音，不高声谈笑，口中有食物时避免说话，不在餐桌上补妆或吸烟。
- 用餐完毕后，要向主人道谢。我们建议大家，即使在离别时已表达了谢意，回到家后仍可以发信息告知对方自己已安全到达，并再次表达感谢。

任务达标

扫描下方二维码，观看慕课视频，完成测试。

慕课"西餐进餐守则"

测试

思考：中西餐宴请礼仪有相似之处，也有很多不同。如何能够做到融会贯通、灵活运用呢？

笔者分享

餐桌礼仪暴露真实的你

我非常热爱美食，一有机会就喜欢和家人、朋友去品尝各地、各国的美食，感受当地的饮食文化。而在不同的商务场合中，一起进餐的人可能是合作伙伴、专家教授、企业管理者或是陌生人。随着年岁渐长、阅历增加，除了品味美食，在用餐时我还会观察一个人在餐桌上的表现，通过他的表现几乎就可以洞悉其生活方式、职业背景、饮食习惯，甚至是修养和品味。

一次我和朋友去吃自助餐，相邻两桌都是年轻、衣着整洁靓丽的情侣，但席间，这两桌的表现却完全不同。一桌干净整齐，桌上仅放了三两碟食物，情侣间低声交谈，不时举杯祝酒，一看便知，这是一种时间和经验沉淀出的平日就有的默契；而另一桌的桌上堆满了大大小小的盘子，男子满嘴食物地大声招呼服务员，女子则不断自拍，用餐后还当众补妆，他们走后留下了滴满汤汁、凌乱不堪的桌面。同样是年轻的情侣，行为举止却大相径庭。

还有一次，我参加一位企业老总的宴请，当天他带了一个刚毕业的大学生随行。开餐前，大家相谈甚欢，这位大学生和坐在身边的宾客聊得很投机。人到齐后菜品却迟迟没上，老总示意大学生去看看，小伙子想都没想回答"不着急，我们边聊边等"，便继续和身边的宾客聊天。用餐时，小伙子对清蒸鲈鱼赞不绝口，这道菜几乎被他一个人承包。后来听说，没两天这位大学生就被辞退了。这位老总说："一个在场面上如此自私的人，很难在工作上考虑周全。"

我们吃饭的样子，就是我们最真实的样子。它无声地展现了我们的素养、内涵、为人、格局。吃相好的人几乎都有共同的特质：有礼有节、优雅大方、举止得体，还很会顾及他人的感受。

请记住，我们在品味食物，别人却在品味我们。良好的餐桌礼仪会帮助我们在社交场合更自信、更得体地与人沟通。

模块八 ⑧
接待拜访礼仪

礼尚往来。往而不来，非礼也；来而不往，亦非礼也。
——《礼记·曲礼》

礼仪迷思

很多人在生活中可能都遇到过这样的问题：第一次正式拜访客户，不知道要做些什么准备，结果连名片都忘记拿；邀请人来家里做客，希望自己给对方留下热情好客的印象，但却手忙脚乱不知道该准备些什么；去同事家拜访，绞尽脑汁也想不出带什么礼物，进门后，也不确定是否换拖鞋，衣服、随身物品应该放在哪里。

其实这些都属于接待拜访中的礼仪，只要认真学习，就可以解决这些问题。

38　小场合，大形象

> 君子养心莫善于诚。
> ——《荀子·不苟》

中国人向来被认为是热情好客的，每个人都有自己的待客之道。随着经济的发展和业务的需要，接待活动变得越来越频繁。热情有礼的日常接待能够给客人留下良好的第一印象，并为进一步的信息沟通、感情联络和行为互动奠定良好的基础。

迎客

迎客就是迎接客人的到来，是日常接待的第一步。

当客人到达时，无论当时在做什么，接待者都应该微笑起身相迎，问候客人，热情握手，然后请客人就座。

对于重要的客人，应事先询问对方的到达时间，接待者可以提前到门口迎接。如果接待外国或外地客人，还应提前了解对方到达的航班、车次，结合具体情况决定是否安排车辆或者人员前去迎接。

客人到达时，如果正好在接电话，可以先向客人点头示意，并尽快结束通话。如果客人提前到达，可以先请客人在指定地点等候并礼貌相待。

在迎客的过程中，要运用正确的引领礼仪把客人送到指定的会客地点。到达后，应先请客人上座，并在第一时间通知相关领导，以免让客人久等。

待客

在日常接待中，特别是接待提前约定的来访时，敬茶是最起码的待客礼节。

茶具使用

倒茶之前，应先检查茶具是否完整，使用有破损的茶具待客是对客人的怠慢。

无论茶具干净与否，倒茶前都应该将其再次清洗或者用开水烫一下，因为久置未用的茶具，难免会沾上灰尘和污渍。

茶水适量

泡茶时，茶叶不宜过多，也不宜太少。如果客人主动说自己喜欢喝浓茶或淡茶，那就按照客人的喜好进行冲泡。

无论用大杯还是小杯，茶水都不应倒得太满。因为泡茶一般都用热水，倒得太满容易将热水溢出，有可能会烫伤客人或自己。当然也不能倒得太少，让客人觉得不被重视。一般情况下，茶水倒至杯中七八分满为宜。

上茶细节

上茶不按次序，即使茶再好，也不算是做到了礼貌相待。上茶的次序应遵循"客人优先""尊者优先"的原则，即按照职位高低先给客方上茶，再给主方上茶。

接待人员上茶时，先轻轻敲门，然后微微鞠躬进入房间。进入后，在桌子的一端放下托盘，将放在托盘上的茶具按顺序摆放。端茶和递茶时要用双手，通常的姿势是左手托住杯底，右手抓住杯耳，从客人的右后方上茶。

上茶时，可适当增加一些语言，比如面带微笑说"对不起，打扰一下""请用茶"等。

如果待客地点是较为狭小的空间，可能会需要正面递茶，则递茶时应把有杯耳的一侧放在客人的右手边，方便客人端茶，正面递茶礼仪如图 8-1 所示。一般来说，双方寒暄结束、交换名片后，是上茶的最好时机。

图 8-1　正面递茶礼仪

续水原则

敬茶不可以不续水，也不可以频繁加水。续水的时间一般以 30 分钟为标准，30 分钟后客人还未离开就可以续水了。

续水时，如果杯子是带盖的，则要用手夹住杯盖再倒茶。把杯盖放在桌面上倒茶也不能说是错误的，但要把杯盖翻过来保持干净，同时尽量避免发出声音影响到正常的商务会谈。

其他事项

除了敬茶外，在待客时我们还需要注意以下四个事项：

第一，在与对方交谈时，应该认真倾听，没有特殊情况不应打断对方。

第二，若谈话时有电话或者事情打断，应妥善处理。

第三，对来宾的无理要求或不当意见，我们要有礼貌的拒绝。

第四，在整个接待过程中，不要频繁看表，以免客人误会。

送客

送客是接待工作的最后一个环节,也是非常重要的一个环节。俗话说:"迎人迎三步,送人送七步。"作为商务人士,必须认识到送客比迎客更重要。送客做得不好,可能会使整个接待工作功亏一篑。

除非有紧急事务需要马上处理,主人一般不宜主动暗示结束接待。如果不得不结束接待,应婉言向客人说明,例如"对不起,我要参加一个会议,今天只能到这里了"。

当客人提出告辞时,主人应起身相送,并微笑握手话别。但主人最好等客人起身后再起身,否则会有种下逐客令的感觉。

送客时,根据与客人的关系,可以将客人送到门口、电梯口或车上。

送客到门口: 当送客人至门口时,要等客人离开后再关门。切忌客人还没有离开就"砰"的一声把门关上。

送客到电梯口: 当送客人至电梯口时,要等电梯门完全关上后再离开。在电梯门关闭时,应微微鞠躬,表示道别。

送客到车上: 当送客人至车上时,客人上车前应再次寒暄鞠躬。客人离去时,可以礼貌地挥手告别,并且目送对方远去后再离开。

日常接待是企业间交往最基本的商务活动,是表现企业形象,给对方留下良好印象的最重要的工作环节之一。

小贴士
- 日常接待的流程为迎客、待客和送客。
- 迎客时,应微笑起身,问候客人,热情握手;谈话时,应少说多听,忌隔着办公桌与来访者交谈;送客时,应等客人完全离开后再离开。
- 敬茶时,应清洗茶具,茶水七八分满,按次序上茶,30分钟后续水。

任务达标

扫描下方二维码,观看慕课视频,完成测试。

慕课"日常接待"

测试

思考:若在接待过程中突然接到两个电话,一个是上级领导打来的,一个是好朋友打来的,我们应该如何处理呢?

39 特别的你，特别对待

> 有朋自远方来，不亦乐乎！
> ——《论语·学而》

在职场中，对待一些重要的人、重要的事，比如在接待重要客户或者在进行商务谈判、商务合作时，我们还要掌握更为复杂的接待流程。这种重要接待要比日常接待更加烦琐，需要提前做好周密的布置，对接待人员的礼仪要求也更加严格。

重要接待前的准备工作

在进行重要接待前，我们需要做好四项准备工作：了解来访者的基本情况、确定接待规格、布置接待环境、安排接待人员。

了解来访者的基本情况

在任何重要接待前，都要先了解接待对象及其基本信息，包括来访者的单位，来访者的姓名、性别、职务，以及所到访的具体人数。此外，还需了解对方所搭乘的交通工具、具体到达的时间，甚至还要了解来访者的饮食习惯和特殊禁忌，以便安排住宿、用餐、商务活动等。

确定接待规格

一般来说，主要接待人员的身份和职务应与来访者的身份和职务相差不大，以工作对口和职务对等为宜。如果适合接待的领导因故不能出席，应灵活变通，及时安排职位相当者或同部门的副职接待，但应及时向对方解释，避免产生误会。

布置接待环境

即使是十分重要的接待，也应按照国家和企业规定的标准安排接待场所、接待用车、来访者的餐饮和住宿等。

布置接待环境对来宾表示尊重和礼貌，应选择明亮、安静、整洁、庄重的场所。应确保接待环境亮度适中、温度适宜、空气清新；提前准备好所需物品，如发言台、签到台、纸、笔、杯子、水等；提前完成话筒、投影等设备调试。

安排接待人员

接待人员应仪表大方、举止得体、口齿清晰，最好受过专门的礼仪训练。可以根据接待人员的工作能力将他们安排在接待工作的各个环节，最好每个环节都有专人负责。

重要接待中的服务工作

重要的商务接待要比日常的商务接待更为复杂，有时会涉及商务迎客、商务会谈、商务参观和商务宴请等不同环节。

商务迎客

在重要的商务接待中，接待人员应提前到达指定地点迎接客人。如果需安排领导或有关人员去机场、车站、码头迎接，要确定并事先通知集合时间、地点、乘车安排和出发时间。

客人到达后，接待人员要帮助客人拿取行李，根据同行人数以及行李数量安排车辆，确保座次安排宽松、舒适，以免给客人留下不被重视的第一印象。

客人到达住所后，应安排人员分送行李，如有接待手册可在此时发给客人，并安排适当的休息时间再进行进一步的会面。

商务会谈

商务会谈往往是企业重要接待中不可或缺的环节。商务会谈前应明确会谈的基本情况，如与会人员的姓名、职务、人数以及会谈的目的等。确定会谈时间后，应提前安排会谈的场地和座次，确定会议记录员，如需翻译、摄影人员或进行新闻报道等，也应事先进行安排。

在商务会谈开始前，负责接待的人员应事先在门口等待迎接客人。客人到达后，组织客人签到，引领客人进入会议室。客人进入后，接待方应立即起身上前，握手寒暄表示欢迎，并引领客人入座。

如果是初次见面，双方应相互介绍并交换名片。如果会谈双方需要合影，应在双方握手后，或者会谈结束时进行。

在会谈过程中，接待人员要做好会议服务。会谈结束后，应引领客人有序离场。

商务参观

商务参观是接待工作中一项重要的内容。参观项目的选择主要应考虑客人来访的目的、性质、意愿和特点。参观项目确定后，应做出详细的参观计划和流程安排。

参观一般由接待一方身份相对应的人员陪同并根据情况安排解说员。讲解时应实事求是，确保所用的材料和数字准确。讲解可采用座谈形式，也可以边参观边讲解。

商务宴请

在安排商务宴请时，接待方应根据规定的宴请标准，结合宴请时间和人数等情况，提前确定宴请地点和宴请菜单，做好宴会设计，确定席位座次。

宴请当天，接待人员应至少提前1小时到达宴会地点，督促和检查相关服务工作。

在宴请过程中，接待人员应主动引导客人入席和离席，并把握好上菜的节奏；同时，在席间观察每个人的需求，尤其是主宾和主陪的需求，处理好各种突发状况。

重要接待后的送别工作

送别是重要接待的最后一个环节。即使送别工作很重要，也应适当安排送别规模，体现主方

 职场礼仪

热情的态度即可，不铺张浪费。

在客人离开前，接待人员应先核实客人所乘航班或车次是否有变化，再设计和实施欢送仪式。

如果客人来访时有带礼物，那么我们在送别时也应该准备一些有意义的礼品作为回赠。

送别时最好有接待人员将客人送至机场、车站或码头，而且要等客人通过安检处或进站之后再返回。

重要接待工作的流程相对复杂，这就需要我们在行动前懂得思考，科学规划，把工作按照性质、情况等区分轻、重、缓、急，巧妙地安排完成的顺序，逐步执行。

职场中，商务接待的频率极高，恰到好处的接待礼仪会给拜访者留下深刻的印象，有助于商业合作的顺利开展。在接待过程中，我们始终都要遵循平等、热情、友善、礼貌的基本礼仪规范，细心照顾好每一位客人。

 小贴士

- 接待的流程固然重要，但接待的态度更重要。
- 重要接待前的准备工作和流程安排都要尽量翔实，制订好工作计划后要请领导过目。
- 接待时应体现主方热情的态度，但绝不铺张浪费。

任务达标

扫描下方二维码，观看慕课视频，完成测试。

慕课"隆重接待"

测试

思考：举例说明在重要接待中，如何能既体现主方热情的态度，又不铺张浪费？

40 留下好印象只有一次机会

> 中正无邪,礼之质也;庄敬恭顺,礼之制也。
> ——《礼记·乐记》

职场中有来便有往,正所谓"百闻不如一见",无论是电话、微信还是电子邮件等沟通方式,都不如面谈更能使双方产生直观而深刻的印象。成功的商务拜访能够使业务关系取得实质性的进展,不得体的拜访行为则会给双方的交往蒙上阴影。

拜访准备

在拜访前,拜访者要做好各项准备工作,包括事先预约、心理准备、材料及物品准备、形象准备、交通路线准备等。只有最充分的准备才能换来最好的结果。

事先预约

拜访准备中最重要的就是事先预约,没有人会欢迎"不速之客"。拜访客人,不管是熟悉的还是不熟悉的,提前预约是最起码的礼节。未经预约而贸然登门拜访会干扰对方的工作和既定的日程安排,引起反感。而且对方在没有充分准备的情况下仓促接受拜访,也会影响到双方之间的沟通效果。

一般情况下,我们建议大家提前三天和对方预约拜访时间。如果有特殊原因而无法事先预约,临时拜访也应先打电话向对方说明原因,经过对方同意后再前往。

即使已经预约好拜访时间,我们也建议大家在拜访的前一天再次与对方确认,确保拜访能如约进行。

预约时,要选择合适的预约方式,以对方合适的时间为主,告知具体的拜访人数,并确定拜访地点。

心理准备

在预约得到肯定答复后,拜访者需要做好赴约的心理准备,包括明确自己的拜访目的,为自己的目标理清思路,确定谈话主题。

此外,还可以提前模拟和对方谈话的场景,思考对方可能提出的问题以及回答思路,以便及时反应并捕捉到对方的想法。

拜访前务必做好心理准备,切忌仓促而去、主次不分,既浪费了受访者的时间,也会给对方留下不好的印象。

职场礼仪

材料及物品准备

古语说得好，不打无准备之战。为了充分实现拜访的目的，材料及物品的准备同样重要。

在拜访前，拜访者需要了解受访者的基本情况和背景资料。为了更好地表达拜访内容，拜访者需要事先给自己列一个提纲，同时，还需要准备拜访时使用的书面材料，如协议书、建议书、备忘录、产品介绍、价目表等。充足的材料准备既可以表明诚意，也可以让拜访者在拜访中有条有理、思路清晰、主旨分明。

对于第一次会面，还应准备足够数量的名片。除此之外，笔和记录本也是商务拜访中不可缺少的物品。

在拜访出发前，务必再次检查所需资料是否全部带齐。

形象准备

在商务拜访中，进门后的三分钟对于拜访者来说至关重要，因为短短的三分钟就可以体现拜访者的举止修养和职场经验。所以拜访前，拜访者要做好仪容、仪表、仪态方面的准备。

办公室拜访，男士应着西装，女士应穿套装。穿着要干净、整齐、端庄、大方，要和自己的职业形象相符。女士应避免穿低胸的上衣或者迷你裙。

在正式拜访前，建议大家先到洗手间，整理一下自己的仪容仪表，再以最佳的形象、最从容的姿态进行商务拜访。

交通路线准备

交通拥堵是经常发生的事情，因此，拜访者应事先了解所去地点的具体交通路线，尽可能地多准备几套交通应急方案。

拜访当天，应尽早出门，提前到达以便熟悉拜访环境。

正式拜访

准时拜访

在正式拜访时，拜访者务必守时。通常情况下，拜访者可以提前10分钟到达指定地点，并整理拜访思路。

如果无法准时到达，一定要提前告知对方，并道歉说明缘由，告诉受访者可以到达的时间。到达后，要再次郑重地向对方道歉。即使只迟到了两三分钟，也应该态度诚恳地向对方表示歉意。

如果因故不能赴约，千万不要事前不通知，事后不解释、不道歉。如果拜访时间有调整或更改，一定要提前说明，并得到受访者的同意和谅解。

准时同样也表示不能太早到达，以免打扰对方正常的工作和安排。如果拜访者到达的时间较早，可以先在周边找一个比较安静的地方调整状态，待临近约定的拜访时间时再登门。

拜访前，记得将手机调到振动或者关机状态。

礼貌登门

到企业登门拜访时，我们会遇到有接待人员和无接待人员两种情况。

（1）有接待人员

大型企业在接待到访人员时，一般会有专门的接待人员负责。拜访者到达后，应面带微笑向接待人员说明自己的公司、姓名以及拜访对象，并请其传达和通报。没有得到允许切不可贸然进入。

如果受访者因故不能立刻接见，接待人员会安排拜访者前往专门的区域等待，这时得体的坐姿和举止也是守礼的表现。

如果等待时间较长，最好的做法是翻看自己的文件，思考整理拜访问题。如果等待区有报刊或者杂志，也可以拿来翻看，看完后放回原处。

在等待的过程中，不要表现出不耐烦的态度，也不要频频看表、来回踱步。如果想要抽烟，应询问接待人员。

如因等待时间过长，无法继续等待，应向接待人员说明情况，请其代为转达，并另约拜访时间。说话的语气要客气、委婉。

（2）无接待人员

一些中小型企业往往没有设立专门的接待人员。拜访者到达后，应先和受访者电话联系，告知对方已经到达，不要直接冲到对方的办公室。

无论有没有接待人员引领，都请记住，到达受访者办公室时，无论办公室门是开着还是关着，都必须先轻声敲门，得到受访者允许后方可进门。敲门时要轻重适宜、速度适中，一般轻轻敲三下，不可急促猛敲。

问候及自我介绍

与受访者见面要主动问好，行见面礼。如果双方是初次见面，拜访者还应做自我介绍并递上名片。

倘若受访者一方不止一人，应该按照商务会面交往礼仪中"先尊后卑"的原则依次向对方打招呼。如果人数众多，也可采用集体打招呼的方式。

如果会面地点还有其他客人，在其没有自我介绍时，不要随便打听其他客人信息或主动与其他客人攀谈。不要做一个和谁都能随意聊天的拜访者。

妥善处理随身物品及谢座

进入受访者房间后，要脱下外套，摘下帽子、手套，同随身携带的物品一起放在指定的地方，不要随意放置。公文包可以放在椅子旁边或自己的脚边，小的公文包也可以放在身后的椅子上。不能为了方便拿资料，就把公文包放在受访者的桌子上。

入座时若受访者没有让座，不要随便坐下。受访者让座后，要说"谢谢"，然后采用正确的坐姿坐下。如果受访者是位年长或身份较高者，应等受访者坐下后再坐下。

当有人送茶时，应欠身双手相接并致谢。喝茶时要慢慢品尝，不要一饮而尽。

热情交谈并积极倾听

谈话时，要尽快切入正题，思路清晰，阐述重点，保持热情。同时也要留一定的时间让对方说话，并积极倾听。

职场礼仪

在倾听前，要做好倾听准备，并发出倾听信号。比如身体前倾，和对方做眼神交流或者向对方点头等。

在倾听的过程中，要注意检查自己对于接受的信息理解得是否正确。可以在对方说完话后，用提问或者重复的方式确定自己对核心内容的理解，及时反馈和总结。

在对方说话时，不要打断。因为如果没有认真聆听对方所说的内容，也就不能够巧妙地回答对方的问题。如果出现不同意见，应将问题记录下来，等对方讲完后再提出疑问或与对方讨论。

交谈时要积极回应，比如用眼神、点头或者简短的回答来表示自己在认真倾听。避免出现玩弄东西、摆弄头发等不礼貌的小动作。

在正式拜访过程中，建议不要接听电话。如果确实有非常重要的电话必须接听，应先向受访者致歉并征求同意，然后简短地向来电者说明情况后尽快完成通话，等拜访结束后再回拨。

告辞环节

在拜访即将结束时，拜访者要注意控制好拜访的时间，礼貌辞行。

适时告辞

拜访者最好在约定的时间内完成拜访。如果超出约定时间，拜访者应在最短的时间内讲清所有问题，以免影响受访者的其他工作安排。

如果受访者表现出不耐烦，即使拜访工作还未完成，也要适时停止，可再约定下次会面时间。不能只想着要完成拜访任务，而忽略了拜访效果。

一般的日常拜访，将时间控制在30分钟以内比较合适，即使是再长的拜访也不宜超过2小时。

礼貌辞行

拜访即将结束时，拜访者不要毫无征兆地忽然起身告辞，可以通过一些小举动来提前示意。比如把茶杯的杯盖盖好，把咖啡杯稍稍推移开，慢慢地收起自己的文件，或者把对方的名片放进名片夹等。

不停看表或者快速地收拾公文包，会给受访者带来不重视此次拜访或者此行不愉快的印象。

告辞应该由拜访者提出，所以拜访者应先起身向受访者道别。即使受访者有意挽留，也应婉言拒绝，尽快离开，不要拖延时间。

辞行时，应和受访者握手道别或点头致意，向受访者说"打扰了""谢谢""请留步"之类的话语。

不要让受访者远送，也不要站在门口与受访者攀谈过久。待受访者留步后，可再次回首向送行的受访者致谢说再见，不可头都不回匆匆离去。

企业拜访是职场中最常用也是最流行的一种沟通方式。请做好充足的准备，带上我们的智慧和礼仪，开始第一场商务拜访吧。

- 拜访前，事先预约，不做不速之客。
- 明确拜访目的，整理拜访思路，不做语无伦次之客。
- 控制拜访时间，适时告辞，不做难辞之客。

任务达标

扫描下方二维码，观看慕课视频，完成测试。

慕课"公司拜访1"和
"公司拜访2"

测试

思考：如果合作伙伴没有预约直接前来拜访，我们应该怎么处理？

41 "客随主便"做个受欢迎的拜访者

> 非礼勿视,非礼勿听,非礼勿言,非礼勿动。
> ——《论语·颜渊》

在职场中,除了去企业进行拜访外,还有可能去客户或者同事家里进行拜访。我们这里说的居所拜访不同于走亲访友,而是为了促进交流、增进感情而进行的商务活动。所以居所拜访也必须遵循礼仪规范,注意拜访细节。

预约与时间观念

居所拜访与企业拜访在预约与时间观念上比较类似。应尽早与对方预约拜访时间,并将具体时间的选择权交给对方,不做不速之客。

约定拜访时间后,不宜随意再做更改。如因故需调整或取消,应尽快通知对方并诚挚道歉。

不要早到,也不要迟到。如不能按时到达,应及时致电说明原因。

居所拜访要控制好拜访时长,"见好就收",适可而止。临时性的拜访应控制在 15 分钟左右,一般性拜访不宜长于 30 分钟。

必不可少的小礼物

在居所拜访时,我们可以为受访者带一些小礼物,尤其是初次登门拜访时。

在我国,大部分人习惯带水果送给受访者。除此之外,我们还可以带一束鲜花、一盆植物、一盒精致的水果糖、一瓶好喝的葡萄酒、一饼有故事的普洱茶,或者一本畅销书、一张好听的音乐碟等。如果受访人家里有小朋友,也可以带一些儿童玩具作为礼物。诚心的礼物总会让对方感受到诚意。

礼貌通报

到达受访者家门口,要懂得按门铃或是敲门,这是礼节更是对受访人的尊重。千万不可大声呼喊受访人的名字。

按门铃时,可以先按一下,如果屋内没有反应,再按一下。千万不要按住门铃不放。

敲门则应该用食指和中指一次持续敲三下。如果屋内没反应,再持续敲三下。千万不可使劲捶门或大声呼喊开门。

即使门是开着的,也不可不打招呼就推门而入。我们可以通过打电话的方式告知受访人已经到达，待受访人允许后再进入。

主动换鞋

进入受访者家里时要记得换鞋。即使受访者没有要求，也不应该直接就把有尘土的鞋子穿进屋内，至少应该询问受访者，是否需要换鞋。

拜访当日应穿着干净、无破损、无异味的袜子，避免自己尴尬，或影响他人对自己的印象。

此外，还要注意换鞋后，应将鞋整理摆放整齐，这会让受访者觉得拜访者是一个注重细节的人。

"五除"与"一放"

"五除"，即摘下自己的帽子、围巾、手套、墨镜，并且脱下外套。

"一放"，即应将自己随身携带的公文包或手袋放在指定之处。

如果拜访时下雨，进门时我们应将雨伞放在门外或者指定的地方，千万不要将湿雨伞带进屋。

"两不入"

居所拜访时，一定要注意卧室不宜入、卫生间不宜入。

居所拜访时，活动区域是有限定的，一般在会客厅就座即可。最大的禁区就是主人的卧室，因为卧室是私密空间，没有允许是不能随意进入参观的。

短时间拜访还应该尽量避免使用主人家里的卫生间。在必须要使用的情况下，也要避免使用主卫。

此外，不要随便乱动、乱翻、乱拿主人家中的物品。对屋内观赏性的物品可以稍作赞美，但不可妄加评论。

饮茶礼仪

以茶待客是我国的传统文化，很多家庭在招待客人时都会备点好茶，用专门的茶具沏茶。所以拜访者在喝茶时要遵循饮茶的基本礼仪。

主人泡茶前，一般会先询问客人的喜好。所以，在居所拜访前，拜访者最好提前了解主人的偏好，这样更容易投其所好。

主人开始泡茶时，拜访者千万不要着急。很多茶的"头冲"需要倒掉，此为"洗茶"，也为"温杯"。所以主人没示意时，拜访者不要急着去拿茶杯。

主人斟茶后，拜访者要有回敬，可以使用叩指礼或者用语言表达感谢。

在端起茶杯时，应用右手握住茶杯的中部。不要以手端起杯底或用手握住茶杯的杯口，这样做会显得不够"专业"或不够卫生。

饮茶时，讲究小口品饮，一苦、二甘、三回味。所以，品饮一般至少分三口喝完，每喝一口

职场礼仪

都细细品味。喝茶不能像喝白酒一样"一口闷"。

无论茶品是否符合自己的口味，都不能皱眉或者表现出不快。"喝茶要赞茶"同样是拜访时的礼仪。但如果自己不习惯饮茶，应及时向主人说明。当然，也不要因为喜欢或者想表达赞赏而不停地喝。

品茶完毕后，茶杯要轻轻放下，并尽量放在主人能够到的位置，方便主人续茶。

喝茶是一种很清雅的行为，所以喝茶时不建议抽烟。如果拜访时间很长，实在想抽烟，务必要先征求主人的同意后再抽。对于时间不长的居所拜访，建议抽烟的朋友最好忍耐一下。

居所拜访的核心原则就是"客随主便"，把握好尺度，不要过于随意，也不要过于拘谨。如果主人的家人也在，记得和其家人打个招呼，做到不失礼节，自然为宜。

小贴士

- 居所拜访时，可带一些小礼物登门。
- 进门记住"五除"与"一放"，不要随便放置物品。
- 不可随意进入主人的卧室参观，不可使用主卫。

任务达标

扫描下方二维码，观看慕课视频，完成测试。

慕课"居所拜访"

测试

思考：在居所拜访时，如何体现出与主人的亲近？

42 适合的，才是最好的

> 恭俭庄敬，礼教也。
> ——《礼记·经解》

不管是在商务场合还是生活场景中，人际交往经常需要互赠礼品。但赠送礼品并不仅仅是把礼品送出去就行了，送给谁、送什么、什么时候送、送到哪里、送的时候说什么，这些都有大学问。得体的馈赠就好比无声的使者，能给社交活动锦上添花，给人们的感情和友谊注入新的活力。送礼也是商务往来中不可缺少的一部分。

赠送礼仪

送什么（What）

"送什么"是我们在馈赠时首先会思考的问题。选择礼品时我们可以遵循五个原则。

（1）注重礼品的宣传性

如果是以企业之名送礼，应该注重所选礼品的宣传性。选择具有向外界宣传与推介产品、服务或技术等作用的礼品，例如，本企业的宣传画册、建筑模型或者主打产品等。

（2）突出礼品的纪念性

礼品的纪念性是指礼品要与一定的人、事、环境有关系，让受赠者见物、思人、忆事。例如，在一些重要的事件或活动中，我们可以赠送纪念册、合影或一些有纪念意义的公务礼品。

（3）体现礼品的民族性

俗话说得好，"越是民族的东西，就越是世界的"。每个民族、国家都有自己独特的文化传统和特点。我曾经看到来中国旅行的德国朋友，买很多有中国特色的书签、杯垫送给他们的同事和好友，这就体现了礼品的民族性。

（4）表现礼品的针对性

所谓"宝剑赠侠士，红粉赠佳人"，送礼一定要看对象。不论是国际交流还是国内交往，是正式活动还是私人应酬，交往对象因国家、民族不同，年龄、性别、职业、兴趣各异，务必要投其所好。需要注意的是，除非双方为亲密关系，否则女性不宜给男性送领带或腰带，男性不宜给女性送项链或戒指。

（5）重视礼品的文化差异

不同民族、国家有不同的文化传统，也就有不同的文化禁忌。例如，在我国，绝不能把一台崭新的钟送给老年人；在欧洲，绝不能给女主人送去一束鲜嫩的菊花。所以，选择礼品要自觉、有意识地避开对方的文化禁忌，注意礼品的品种、色彩、图案、形状、数字和包装等的选择。

职场礼仪

时机（When）

就送礼的时机而言，及时、适宜是最重要的。一般来讲，节假日、重要的纪念日、拜访日、接待日、推广日、告别日都是送礼的好时机。

在职场中，如果向对方道喜、道贺，通常是在双方见面之初赠送礼品。如果是企业之间进行商务会谈，双方往往会在商务会谈结束时赠送或交换礼物。

主人和客人之间，客人通常在进门时送上礼物，而主人一般在客人离去前或者临行前送上礼物。

地点（Where）

选择赠送礼品的地点要注意公私有别。一般来说，商务交往或商务活动应该选择商务场合赠送礼品，如办公室、会客厅、会议室、发布会现场等。而私人交往中的礼品，则应该送到私人居所。

送礼场合选择不当会影响受赠者的形象，甚至有可能被受赠者拒绝。不要当众向某一个人送礼，这样不仅会使受赠人有受贿之感，还会使没有受赠的人感到被冷落。

谁送及送谁（Who）

在商务交往中，应该由在场地位最高的人赠送礼品。如果只送一件礼品，要送给对方职位最高者。如果向多人赠送礼品，则应该从职位最高的人开始赠起。

怎么送和说什么（How）

送礼物时，可以把礼物精美地包装起来，尤其是送给外国友人时。这样做一方面表达了对受赠者的尊敬，另一方面也给受赠者增加了一些小惊喜。

赠送礼物时，送礼者应神态自然，面带微笑，起身站立，用双手把礼品递送到受礼者的手中，并配合一些语言。

对于商务活动，我们可以说明礼品的含义、具体用途、与众不同之处等加深受礼者的印象；对于私人交往，我们可以说与送礼的目的相吻合的话，比如送生日礼物时可以说"祝你生日快乐"，送结婚礼物时可以说"祝两位百年好合"等，从而更深一步地表达送礼者的情意。

中国人大多有自谦的习惯，赠礼时喜欢说些谦辞，诸如"小小礼物，不成敬意"或是"薄礼，薄礼"等。有些人甚至还会说些自贬的话语，比如"随便买的""不是什么好东西，凑合着用吧"等。这样的话既没有必要，又容易让对方产生不被重视的误会。总之，得体的寒暄不仅表达送礼者的心意，还会让受赠者受之心安。

接受礼仪

在不违法、违规、违背心意的前提下，我们可以大大方方地接受他人诚心诚意赠送的礼品，在接受前适当地表示谦让也未尝不可。

在特定的场合中，当送礼者向受赠者赠送礼品时，受赠者应停下自己正在做的事，起身站立，双手接受礼品，然后伸出右手同对方握手。接过礼品后应表示感谢。

接受礼品时，受赠者态度要从容大方，恭敬有礼，不要忸怩失态。

礼品是否当面打开可以根据送礼者的习惯、目的和具体的环境来定。在我国的传统观念中，收到礼品后当面打开是不礼貌的行为，但如果送礼者是外国友人或年轻人，当面打开礼品是对送礼者的尊重，也是表达对礼品的看重和喜爱。

收到的礼品应放在合适、醒目的位置，不能乱丢、乱放。离开时不要忘记带走礼物，否则会让送礼者感觉不被重视。

谢绝礼仪

馈赠礼物虽然是我国的传统习俗和礼节，但一定要符合国家的法律法规。假如对方赠送的礼品确实不宜接受，应该拒绝。

在拒绝时，要讲究方法，不要让对方难堪，造成矛盾。同时，要向对方表达虽然拒绝了礼品，但已经收下了情意的意思。

违法违禁的礼品、价值过高的礼品和包含某种无法接受的暗示性的礼品是不能接受的。可以采用三种方法谢绝礼品。

（1）直白法

坦率告诉送礼者不能接受的理由，比如身份不允许或者单位有规定等。

（2）婉言法

采用委婉的方式，找个合理的理由拒绝对方，但要注意用词和语气。

（3）先收后退法

在旁人较多时，拒收礼品会使送礼者尴尬，这时也可以先收下礼品，过后退还。退还时要表达对对方的谢意，并说明退还理由。退还礼物的时限通常不超过 24 小时。

回赠礼仪

收到他人的礼品后，我们应在适当的时机回礼，这才合乎礼仪规范。

例如，在接受上门拜访者的礼品后，主人可以在客人离开前回礼，也可在接受礼品后的一段时间内登门拜访回赠礼品，或者选择在特定的节日、喜庆之日回礼表示感谢。

回礼时不要选择对方赠送的同类礼品回礼，但价格可以与对方赠送的礼品价格相当，同时可以以口头或者书面形式向对方表示感谢。

中国人非常重情义，馈赠礼品是表达感情的一种方式。但礼不在贵，适合的才是最好的。

- 送礼要有适合的理由，否则对方可能不会接受。
- 礼物的价值不在于价格，而在于心意及对方的喜好。
- 忌只受礼而不回礼。

任务达标

扫描下方二维码，观看慕课视频，完成测试。

慕课"商务馈赠"

测试

思考：如果收到不该收的礼品，应如何礼貌谢绝？

笔者分享

优质服务与 WOW Story

2019 年，在深圳星河丽思卡尔顿酒店（后面简称丽思卡尔顿），我有幸参加为期两周的"万礼豪程"教师挂职培训项目。在两周的时间里，我扮演了"三重"角色——顾客、酒店员工和学习者。在这个过程中，丽思卡尔顿的"优质服务三步骤"给我非常深刻的印象：

1）热情和真诚地问候，称呼客人的名字。
2）预见并满足每一位客人的需求。
3）欢欣道别。向客人热情地说再见，并称呼客人的名字。

看似简单的三步骤却包含了大量的职场礼仪——热情、真诚、问候、称呼、预见、满足、欢欣、道别等。要做到对每一位客人都如此礼貌周到，并不是一件容易的事情。

员工在记住"优质服务三步骤"内容的同时，更要对"三步骤"的表现行为进行培训和思考，并养成固有习惯，最终才能实现优质服务。

在这里，我想与大家分享三个不同身份下体验到的关于丽思卡尔顿接待礼仪的小故事。

顾客身份

以顾客身份体验到的小故事真的太多了，比如，在入住时收到个性化定制的欢迎卡片、欢迎鲜花；入住第二天餐厅的服务人员就可以喊出我的名字；当我要去洗手间时，服务人员不仅仅是告知洗手间的位置，还将我引领到洗手间门口；客房服务人员发现我对枕头很挑剔，第二天就给我准备了不同类型的枕头让我选择。这些都是丽思卡尔顿的"传统"待客之道。

员工身份

在丽思卡尔顿每天的早会上,员工们都会对今日入住的VIP客人的喜好进行分享。例如,某些客人对温度要求很严格,房间打扫干净后一定要将温度调至18℃;有些客人特别喜欢喝水,每天都要在他的房间里放8瓶水;还有些客人对坚果过敏,所以在欢迎礼物中不能出现坚果,在客人用餐时也要特别关注。

学习者身份

有一次,我和客房部的罗总监一起去查房,那间客房从表面看整理得还不错,但没想到罗总监非常不满意。他不满意的原因不是因为客房没有打扫干净,而是因为客房的物品摆放没有实现优质服务中的"预见并满足顾客的需求"。

刚开始,打扫客房的员工觉得很委屈,但当罗总监做了示范和讲解后,员工心服口服。他做了什么呢?把台灯转换了方向,并把台灯按钮放在客人容易触碰到的区域;把拖鞋换了一个角度,方便客人更换;把沙发靠垫重新调整了蓬松度和摆放角度,让客人感受到酒店客房设计的美感。的确,这些细节的调整和客房的干净程度无关,但每一处的小改变都体现了丽思卡尔顿优质服务的理念。

在接待礼仪中,我们首先要考虑的就是客人的习惯和偏好。当我们发现客人是左撇子,我们在上咖啡时就应该把杯子放在客人的左手边,并将杯把朝向左边。

丽思卡尔顿有一个传统,他们会收集全球每一家酒店的优质服务故事,这些故事被称为WOW Story。在每周一和周五的早会上,每家酒店都会分享这些故事,并鼓励员工通过优质服务,给顾客创造惊喜,提供更加个性化的服务。

在我的挂职项目结束时,人力资源部门的陈总监和我分享了一个对她影响很大的关于雪茄的WOW Story。在她分享的时候,我留意到她的眼睛里闪烁着激动的泪光,虽然这个故事她已经分享过很多次,但每一次说起,她都会被其中的优质服务而感动。

试想一下,如果每个行业都可以向酒店行业一样得体地运用礼仪,为客人、为合作伙伴、为社会服务,那该是一件多么美好的事情。

也许作为普通人,我们很难达到高星级酒店"优质服务"的标准,但作为职场人,我们还是要掌握接待拜访中最基本的礼仪流程和规范。

模块九 ⑨ 求职面试礼仪

工欲善其事，必先利其器。
——《论语·卫灵公》

礼仪迷思

在求职面试的过程中，大部分人都曾有过一些小困惑，比如面试要穿什么衣服？女孩要化妆吗？长发要扎起来吗？面试前需要做哪些准备？如何克服紧张焦虑？自我介绍要说些什么？该不该谈薪酬问题？

要想完美地解决这些问题，我们必须要为每一场面试做好充足的准备。在面试前，要对自己有充分的认识，在提高面试技巧的同时，还要掌握面试礼仪。因为礼仪所表现的是一个人的素养，千万不要因为忽视了某个小细节，而被淘汰出局。

43 知己知彼，一战告捷

> 礼，体也，得事体也。
> ——《释名·释言语》

走出学校，走入职场，求职是我们迈向社会的第一步。所谓"知己知彼，百战不殆"，在面试前，我们要充分地了解自己、认识自己，并锁定目标，只有这样才是对招聘企业和面试官最大的尊重。

审视自我

迈入职场前，应认真审视自己，对自己的特点进行客观、细致的分析，从而快速、准确地找到自己的职业定位。

我们可以从兴趣、性格、能力、价值观等方面入手，对自己进行全面的了解和梳理，从而找到自己喜欢、适合和擅长的工作。

兴趣探索

每年进入毕业季，很多同学都会有这样的苦恼：想按照自己的兴趣找一份喜欢的工作，但是工作内容又与自己的专业不匹配；父母希望子女能回老家找一份稳定的工作，但自己又心有不甘，所以感到纠结、迷茫。

其实在找工作这个问题上，人们很容易陷入把"有趣"当作"兴趣"的误区。美国斯坦福大学心理学教授卡罗尔·德韦克曾做过一个关于"成长型思维"的研究实验：研究者先给学生们看一个有趣的黑洞科普视频，绝大多数学生都为之着迷；随后，研究者再让学生读一篇很难理解的描写黑洞科学的文章，学生们对黑洞刚刚燃起的兴趣又迅速下降了。这个实验表明，没有经过努力付出的"有趣"，不能称之为"兴趣"，"有趣"是一种和不确定性高度相关的情绪，当一件事很复杂、很新奇的时候，人们会觉得它很有趣；而"兴趣"，则是一个人愿意为之花费时间、精力，即使遭遇各种挫折，也仍能怀有热情坚持付出的事。

兴趣是对工作保持热情的"永动机"，知道自己的兴趣所在很重要，但仅仅考虑兴趣因素，没有办法解决工作选择中的所有难题。

性格测试

性格决定了我们做什么样的工作最得心应手，更容易从人群中脱颖而出。

例如，性格外向的人适合从事外交、营销、接待等与人打交道的工作；性格内向的人适合从事会计、校对、档案等事务性工作；感性的人适合从事服务、教育、助人等情感投入比较多的工

职场礼仪

作；理性的人适合从事审计、法律、工程师等需要较多理智判断的工作。

MBTI（Myers-Briggs Type Indicators）量表是目前世界上应用最为普遍的性格评价工具，每年都有几百万人在招聘过程中接受MBTI测验。通过测试，我们可以清晰地认识自己的性格，并将测试结果作为选择工作的依据。因为选择与性格匹配度较高的职业，不仅有助于我们高效省力地完成任务，还可能使我们获得比其他人更突出的成绩。

能力梳理

专业知识是选择职业的重要参考依据，通过知识学习和实践，掌握求职的核心——能力。

求职前先要梳理自己所具有的能力。能力的强弱表现为在其他同等条件（时间、训练、学习等）下，在掌握某种知识或技能的过程中，所表现出来的"快慢""难易"和"深浅"程度方面的差别。

能力是打开工作世界的敲门砖，也是唯一可以通过自己的努力发生较大变化的因素。了解自己的能力是审视自我的重要内容之一。

用人单位在考核和选拔人才时，都有自己独特的要求，而对能力要求的差异主要来源于不同的岗位要求。所以，在梳理自己的能力时，目标岗位的能力要求是重要的参考标准。选择擅长的工作，合理避开短板，会让求职面试和事业发展事半功倍。

价值观排序

价值观是指一个人对周围客观事物重要性的总评价和总看法。这种对诸事物的看法和评价在心中的主次、轻重排序，就是价值观体系。

在选择工作时，价值观排序是审视自我的重要内容之一。因为一个人在工作中是否会有长足的发展是由其价值观决定的。

如果一个人的核心价值观是冒险、不甘平凡、不断超越自我，那么这个人就不适合比较稳定、封闭的职业；而如果一个人的核心价值观是追求平稳、陪伴父母、兼顾家庭，那么背井离乡在大城市白手起家的工作则不是最适合的选项。

有时身边重要的人，如父母、师长、爱人等的价值观也会对一个人的求职方向起到决定性的作用。在求职时多向身边的人征求意见，可能会有不同的收获。

价值观不仅影响个人行为，还影响着群体行为和组织的行为。同时，组织的价值观也会反作用于个人。这也是越来越多的企业愿意花费时间和精力来塑造企业文化和价值观的原因。

正如心理学家艾瑞克·弗洛姆在《逃避自由》这本书里说的："现代人生活在这样一种错觉之下：他似乎很明白自己的追求，但事实上，他追求的不过是别人期望他去追求的东西罢了。"

锁定目标

锁定目标也是求职面试的重要步骤之一。有了目标才能集中精力、时间和资源，才能让求职更有效率。

所谓"知己知彼"，是"知己"的同时应该"知彼"。锁定目标首先要形成自己预期的职业库。

我们可以先根据自己的兴趣、性格等因素选定方向，初步形成一个职业列表；然后结合能力和价值观从列表中筛选，最终会得到预期的职业库，职业库中通常保留5~10个目标岗位比较合适。

在锁定目标的过程中，收集信息也是一种能力。通过互联网、招聘会、实习、访谈等方式大量地浏览、搜集、整理信息，形成一套自己专属的资料库，然后比对职业库中的岗位和资料库中的信息，层层筛选，锁定最终的目标岗位。

经过审视自我和锁定目标的步骤之后，大家应该问问自己，了解自己将要从事的职业吗？这份职业属于哪个行业？行业发展前景如何？这个岗位在能力上有什么要求？在哪里能找到相关岗位的招聘信息？只有对自己和工作有比较全面和客观的了解，才能精准地找到与自己匹配的职业，明确今后的求职方向。

小贴士
- 没有哪个面试官会喜欢不断跳槽的求职者，所以面试前先审视自我。
- 沟通能力、解决问题的能力和团队合作能力是面试官最爱的"软实力"。
- 没有方向的前进，等同于倒退。

任务达标

扫描下方二维码，观看慕课视频，完成测试。

慕课"审视自我"

测试

思考：面对父母要求你选择"稳定"的工作时，大家会如何审视自我？

44 怎样写一份让 HR 无法拒绝的简历

> 君子之行礼也,不可不慎也。
> ——《礼记·礼器》

简历是求职面试的敲门砖,它决定了求职者能否获得面试机会。撰写简历绝对是一件耗时的事,即使我们认为自己已经完成了一份相当优秀的简历,也别指望这份简历可以应对所有的工作岗位。所以,要把个人简历当作自己的花园,懂得什么时候栽种新鲜的植物,什么时候铲除枯萎的野草。

精准定位

招聘人员筛选简历的时间通常不超过 20 秒,一般情况下,没有人会一字一句地读每一份简历,所以制作一份优秀的简历至关重要。让简历能够脱颖而出的前提是做到精准定位,即明确知道用人单位需要什么样的人才,进而在简历上证明自己就是符合条件的人选。

怎样才能做到精准定位呢?首先,把工作岗位描述中的关键字圈出,按名词、动词、形容词分类,依次对应的就是该岗位对知识、能力、价值观的相关要求;其次,根据岗位要求制作简历,与关键词有关的多写、认真写,与关键词无关的少写或者不写,让简历内容跟应聘岗位要求高度匹配。

构思框架

撰写简历没有所谓的标准公式,比如必须包含哪几个固定的内容,必须遵循什么固定的顺序,或者在写工作履历时,必须具体到哪年哪月。简历的框架应该和岗位要求匹配、定位相符,并突出自己的个人特点。

为了便于阅读简历的人从简历中获得求职者的某些特定信息,一般来说,简历至少包含以下内容:

1)联系方式。
2)求职岗位。
3)工作/实习经历。
4)教育背景。
5)工作之外的其他相关成就。
6)关键词及技能列表。

这些是用人单位普遍关注,且被认为是最重要的几点。其排列顺序应该依据它们对于申请某个工作岗位的重要性来安排，联系方式一般写在最前面。

突出优势

如果说求职者是一片美丽的雪花，那么招聘人员面对的就是一场大雪，所有的雪花对他们来说都没有区别。所以，简历一定要突出个人优势，体现出我们能为企业带来的独特价值，只有这样，才能吸引招聘人员的眼球。

所谓突出优势，就是把我们的简历内容向对方的岗位要求上靠，用事实、经历、数据等证明自己已经具备了目标岗位在知识、能力和个人品质等方面的要求。更优秀的求职者会将一些具体的数字用百分比、数据图及第三方评价等方式来说明，让招聘人员一眼就看到其核心特质。

如果求职者没有与岗位相匹配的实习、工作经验也没有关系，千万不要硬编，更不要造假。作为应届毕业生，我们可以描述一个在学习或生活中的故事，以达到类似的效果。其实，每段经历都是有价值的，就看怎么将这些经历和应聘的职位结合起来。

凸显细节

简历中的"简"不是简单，而是突出重点、清晰明了，在短短的一页纸中把求职者的亮点展现出来，让面试官一眼就能抓住核心关键词。所以，为了使简历"简"而不"简单"，需要注意以下几个方面：

1）整体布局不要太紧。排版简洁，合理留白。

2）注意行间距。如果一页纸密密麻麻全是字，面试官看得头晕，也找不到重点。

3）色彩不能太乱。保持单一色调，会使简历看起来赏心悦目。如果想突出某一部分，可以加粗字体，或放在醒目的位置。

4）不要硬凑内容。为了显得内容丰富，而写很多无关紧要的东西，会适得其反。

5）重要的内容提前。把较为重要的内容放在简历的前面，更容易让面试官看到我们的优势。

6）简历只写优势。通过简历我们希望告诉对方的是"我会什么"而不是"我不会什么"，所以请把劣势都删掉。

7）使用正式的职业照作为简历照片。简历上不要使用生活照，也不能使用自拍的大头照。认真地拍一张职业照会表现出求职者对面试的重视。

8）反复检查。简历中出现错别字或者标点问题，都是不专业的表现。投递简历前，务必反复检查。

9）丢掉网上的"万用"简历模板。请认真写一份自己的专属简历。

差异定制

如果同时申请多份工作，求职者还应该相应地准备多份有差异的简历。不同的工作、不同的企业对应聘者有不同的要求。即便同时申请同一家企业的两个岗位，也依然需要准备两份不同的简历。

简历必须是写给特定读者的，是为求职者所应聘的用人单位以及目标岗位量身定做的。如果

职场礼仪

用人单位和岗位发生变化,简历也应随之调整,而不是一份简历投"百家"。

此外,在求职过程中,求职者应随时记下那些与招聘相关的要点,正确衡量每一次面试时面试官对简历做出的反应,这些可能都会成为修改简历的重点。千万别对简历置之不理,不做更新。没有人会喜欢那些不痛不痒、没有任何针对性的求职简历。

被誉为"竞争战略之父"的哈佛商学院教授迈克尔·波特曾说:"不要把竞争仅仅看作是争夺行业的第一名。完美的竞争战略创造出企业的独特性,让其在这一行业内无法被复制。"在求职面试过程中,我们所面临的核心问题其实就是竞争问题。

很多人在写个人简历或做自我介绍的时候,从来都没有意识到自己所表达的内容不应该仅仅是自己所拥有的知识、技能和经验,更多的应该是符合求职企业岗位职责的独特能力。因此,我们要经常去思考:自己的个人特点是什么?自己和其他人最大的差异是什么?如何利用自己的差异去满足求职岗位的需求?

记住,没有差异就容易被替代。只有对自己有独特而精准的定位,才可能在激烈的求职面试竞争中立于不败之地。

精确投递

除了简历内容要精心编辑,简历的投递方式也要精确,尤其是电子简历。

简历应该是投给具体单位和具体负责人的,所以称呼和礼貌的问候不能少。

投递电子简历时,不要只发一个简历附件,正文什么都不写。这样不但生硬、不亲切,还白白浪费了一次推荐自己的机会。所以,应该把自己的核心信息写在正文里。

附件中的简历要注意用最小格式发出,不要附特别大的图片或者其他文件,也不要使用压缩包,因为招聘单位希望的是一点开就可以看到简历。如果要发送链接,也应该发送一个可以快速打开、一次性看完所有信息的链接。

总之,在投递简历之前,做足功课,对号入座。研究这家公司的官网或者官微;认真阅读媒体动态,特别是创始人的讲话;体验这家公司的产品,尤其是和工作岗位相关的产品等。这些都是了解用人单位信息的好方法。

要想写一份被 HR 关注的简历,就要精准、清楚地表现出我们的优势与岗位的关联。尽可能多地了解用人单位的价值观和用人理念,知己知彼,我们的简历才更有吸引力。同时,简历和面试也是一体的。简历中梳理的关键信息,就是给面试官留下的伏笔,所以面试时也要围绕着简历来做好准备,千万不能前后矛盾。

小贴士

- "简历"中的"简"不是"简单",而是重点突出。
- 简历要懂得"投其所好"。
- 没有标准简历一说,每份简历都是专门准备的。

任务达标

扫描下方二维码，观看慕课视频，完成测试。

慕课"简历撰写" 测试

思考：制作视频简历有哪些小窍门呢？

45　让面试胜算加倍的秘籍

> 良好礼仪的精髓是让人感到舒服。
> ——卡洛琳·塔格特

面试是求职者与面试官的"短兵相接"。求职者的仪容仪表、一举一动、一言一行都被面试官尽收眼底，这些细节也会不经意地透露求职者的小秘密。所以，求职者在参加面试时，要像精心准备一次约会一样，重视自己的形象和举止，态度真诚，让面试胜算加倍。

求职形象

着装

在求职中，面试官首先关注到的就是求职者的着装，面试时的着装往往决定了面试官对我们的判断。

面试着装有一些常用规则，例如，穿外套比不穿外套正规，有领的衣服比无领的衣服正规，纽扣比拉链正规，长袖比短袖正规，有皮带比没皮带正规，颜色统一比五颜六色正规。

面试时，男士应尽量穿着西装，颜色以藏青色、黑色、灰色为宜，搭配白色长袖衬衫是最安全的选择。领带选用相对保守一些的传统条纹或几何图案，图案的颜色不要超过三种。黑色皮鞋是最经典的选择，要保持鞋面的光亮。袜子很容易被忽视，应选择深色、中长筒的袜子。有些面试官会特别注意鞋袜，并以此来判断求职者是否注重细节。

女士的面试着装颜色不宜太鲜艳，款式不宜太过时尚。如果选择裙装，裙子的长度不宜太短。上衣领口不宜太低，应尽量避免选择透明、薄纱或者蕾丝花边材质。鞋子的款式、颜色应与套装相配。丝袜以肉色为首选，最好在包里多准备一双丝袜，防止袜子意外破损而尴尬。

妆发

化妆和发型也是职业形象中十分重要的组成部分。许多求职者会问："面试需要化妆吗？"个人的建议是女士化淡妆看起来会更精神。化妆不要过浓，稍作修饰，清新自然，充满活力就好。男士一定要刮胡子，保持面容干净。

头发一定要干净，不能遮挡眼睛。头发较长的女士建议不要披头散发，最好将头发盘起来，或者梳一个看起来比较专业的发型。男士的发型则要求后不过领，侧不过耳。此外，无论男女，发色都不应太过夸张。

饰品

参加面试时通常需要带文件，所以可以准备一个合适的公文包。卡通包、运动包、休闲包都不会给专业形象加分。面试之前，应把需要的证件及资料有序地放到公文包里，证件及资料摆放的顺序及位置一定要熟记于心。切忌当着面试官的面将自己的公文包翻个底朝天。

女士可以佩戴饰品，但款式不要太过夸张、色彩不要过于艳丽，以少和精为宜。因为太过吸引人的饰品会让面试官分心，从而忽略求职者的表现。

漂亮的形象并不一定是最佳的形象，参加面试时的服饰和妆容要与自己的气质和定位相符，也要与面试单位的企业文化和行业定位相吻合。最好的方式就是向面试官呈现简单、从容、干净、专业的形象。

求职举止

求职面试是由许多小环节构成的，如果求职者对礼仪知识知之甚少，或忽视礼仪的作用，哪怕是在某一个小环节中出现纰漏，都极有可能被淘汰出局。因此，对求职面试中的举止要求切不可掉以轻心。

不可小觑的面试前考验

一般来说，求职者应最少提前 10 分钟到达面试企业。但如果提前太早到达，建议大家到周边找一个安静的环境，先舒缓一下自己紧张的情绪。

在进入面试企业后，求职者应该谨言慎行，和遇到的每一个人进行良好的沟通，时刻注意自己的举止礼仪。

在电影中，我们经常会看到求职者和面试官或者重要决策者抢车位、抢电梯的桥段，其实在真实生活中也会发生。此时，虽然面试还没有正式开始，但不要低估任何一个人在面试过程中可能起到的作用，不要因为举止不当而与工作失之交臂。

恰到好处的进屋时机

进入面试等待区后，特别要把握的是进入面试房间的时机。如果没有人通知，即使前面一个人已经面试结束，也应该在门外耐心等待，不要擅自走进面试房间，因为面试官们很有可能在讨论上一个面试者的情况，这个时候走进去是非常不礼貌的行为。所以，应听到自己被呼唤后，再准备进入。

不管面试房间的门是否打开，也不管门内是否有人，进入前都应该先敲门，听到里面说"请进"后，再进入房间。

得体讲究的就座礼仪

入座、坐姿、离座都可以反映出求职者的素质。

首先，关于入座。建议求职者进入房间后，走到椅子旁边不要直接坐下，可以先向面试官行 30° 鞠躬礼，面带微笑说一声"面试官好"，在得到对方许可后再入座。和面试官打招呼时，应彬彬有礼、大方得体，不要过分殷勤、拘谨或过分谦让。

其次，关于坐姿。美国社会心理学家艾米·库迪认为，一个人的姿势可以改变他体内的激素水平。如果保持一个比较强有力的、开放的姿势两分钟，力量激素就会明显上升，使人变得更加自信；但是，如果保持一个收缩防守的姿势两分钟，压力激素就会快速上升，使人变得更加容易

职场礼仪

退缩。所以，当我们入座后，应努力保持一个自信、开放的姿势，这样不仅会缓解面试压力，还会让人更自信。

最后，关于离座。在面试结束后，求职者应缓慢起身，切忌一蹦而起。起身之后，应采用基本站姿，站定之后与面试官道别，方可离去。

有一个小细节可稍加注意：离开面试房间前，可转身回头向面试官点头微笑示意后再离开。因为有的面试官会一直目送求职者离去，如果求职者没有转身示意就直接离开的话，可能会让面试官感到被冷落。所以，求职者应把握这个细节，展现出最好的自己。

赏心悦目的面部表情

拥有赏心悦目面部表情的求职者应聘的成功率远高于那些板着面孔的人。在与人交流的过程中，目光交流总是第一位的。恰当的眼神能体现出求职者的专业、自信以及对企业的向往和热情。

在进入面试房间后，求职者应先采用"点对面"的目光交流方式，扫视全场，与所有的面试官进行目光接触，并配以微笑及得体的问候。这是建立自我形象、展现自信、表达对面试官尊敬的一种有效方式。在进行"点对面"的目光交流时，需要注意目光停留的时间以及整体动作的协调。

在回答面试官问题时，可以采用"点对点"的目光交流方式，即与正在交流的面试官进行一对一的目光接触。一般视线宜落在眉毛与鼻子之间形成的三角区域内，注视的时间应配合回答问题的时长。在进行"点对点"的目光交流时，应避免闪烁眼神或突然改变视线方向，因为这些举动都会给人一种不诚实、慌乱的感觉。

在面试中，除了目光礼仪，微笑也很重要。因为微笑能帮助求职者消除紧张，使求职者与面试官的沟通更加顺畅，拉近与面试官的关系。

人的面部肌肉十分发达，可以展现出各种不同的笑容。所以面试之前，求职者可以对着镜子，尝试各种笑容，挑出最满意的几种加以练习。在与面试官正式交流时，目视对方并适时地点头和微笑。

求职心态

求职心态的调整很重要，要把面试"当回事"，但也不能太"当回事"。

"当回事"是指面试前要认真准备，比如要完善自己的简历，了解应聘企业，熟知岗位需求，搭配面试着装等。我们要相信一个有经验的面试官是能看出求职者的精心准备和真诚用心的。

不能太"当回事"则是要放下心理负担，不去过多关注面试结果，轻松应试。"缩手缩脚，患得患失""吊儿郎当，举止轻浮"都会给面试官留下不好的印象，所以"度"的把握很重要。总结四个字送给大家："不卑不亢"。

在面试这个环节，面试官主要考察的是求职者的综合素养，所以我们一直强调要在平时养成好的礼仪习惯，而不是在面试之前临时抱佛脚。要把礼仪规范内化于心，外化于行，在面试时才会精神集中，表现得更加从容自信。

小贴士
- 我们就是我们穿出的样子,我们怎样呈现别人就怎样理解。
- 微笑可以缓解紧张,更可以拉近距离。
- 自信从容不一定赢得面试,但一定可以赢得尊重。

任务达标

扫描下方二维码,观看慕课视频,完成测试。

慕课"面试着装与举止"   测试

思考:参加什么类型的岗位面试一定要穿正装,参加什么类型的岗位面试可以不用穿正装呢?

46 面试官的题库拿走不谢

> 说要说得人家想听,听要听得人家想说。
> ——戴尔·卡耐基

面试的核心环节是求职者与面试官的问答。面试官向求职者征询、提问,并根据求职者的回答和表现对他们的综合素质、心理特点、求职动机等多方面内容进行评价。在面对面的一问一答过程中,将体现求职者的礼仪综合素养。为了能在这个核心环节获得面试官的认同和赞许,求职者必须要做万全的准备。以下列举一些面试的经典问题供大家参考。

自我介绍

自我介绍时间一般控制在 2~3 分钟。这是让面试官的思维从上一个求职者转移到当下的过渡期,也是第一印象形成的关键期。

大多数人在这个环节只介绍了自己的姓名、年龄、教育背景、兴趣爱好等在简历上可以获得的简单信息,并没有充分利用好这段题目自拟式的自我展示时间。

沟通重要的不是我们说了什么,而是对方愿意听到什么。在自我介绍环节,面试官想知道的是求职者能否胜任这个工作。最强的技能、最擅长的领域、个性中最积极的部分、最成功的事件等,这些才是面试官想获得的有效信息,也是接下来面试的主要内容。

在最短的时间内,用最精练的语言把个人信息与岗位要求一一对应起来,不着痕迹地向面试官表达"我能够胜任这个岗位!"把自身优势逐条向岗位要求靠拢,让对方觉得"嗯,对!这就是我们需要的人!"所以,自我介绍中的每一句话都要经过精心设计。

展示优点

很多求职者在被问及自己的优势时,会兴致勃勃地罗列很多优点,比如性格开朗、乐于助人、待人诚恳等,但这些并不一定是面试官最想听到的答案。这个问题可以延伸为"你胜任这个岗位的最大优势是什么?"

回答这个问题的秘诀是结合岗位要求和求职者的核心能力,用具体的事例来证明自己的优势,而不是自吹自擂罗列一堆名词。例如,若求职者应聘的是工程师类的岗位,可以具体描述自己在项目中解决实际问题的经历,来证明自己所具备的专业能力、团队意识以及责任心;若求职者应聘的是文化创意类的企业,则可以讲一个能证明创新能力和快速适应能力的成就故事。

总之,回答这个问题的关键是要体现出求职者的核心素质与岗位要求的匹配度,最好再加上一些第三方的反馈信息和证明材料,比如老师和同学的评价,或者获得过的奖项和证书。

表述缺点

当面试官问求职者最大缺点的时候，回答前需要冷静地换位思考，分析一下面试官为什么会问这种可能会引发尴尬的问题，思考问题背后面试官想要真正获取的信息是什么。

回答这个问题的核心是求职者是否对自我有一个精准的剖析。通常，成熟的人都有一个共同特质，就是能充分地了解自我，尤其懂得利用自己的优点和缺点。

向别人表露缺点的确有一点困难，这时就需要一些小技巧。比如求职者可以这样回答："我是一个性子比较急躁的人，不是很有耐心，但是也有另外一个相对的特点，就是很有冲劲，执行能力强。现在我已经为改变自己急躁的个性做出了一些努力，比如练习书法、围棋等来磨炼自己，希望可以弥补自己的不足。"

上面这样回答的技巧在于陈述一个真实的缺点，表达了真诚的态度。说出缺点之后不能就此结束，重点是后面紧接着的那句内容，一定要表示自己已经认识到问题，并且采取具体行动来改进，从而让自己变得更好。

特别要注意列举的缺点不能与岗位要求的核心素质和意志品质对立，比如岗位要求是吃苦耐劳，那么好吃懒做这类的缺点最好不要出现。

洽谈薪资

薪资和待遇是求职者最关心却又不好意思开口询问的内容。要想在保障自己权益的基础上又不失礼仪，求职者要在面试前做好准备。

作为一名刚刚走出校园步入社会的应届生，因为没有工作经验，基本上没有什么谈判的筹码，可以先调研一下行业的平均水平，做到心中有数，并把决定权交给对方。在被问及薪资期望时，应届生比较好的回答是："这是我的第一份工作，我最在乎的是可以在这个工作岗位上施展我的专长和不断学习。按照公司的安排，在合理的范围之内，我都可以接受。"

如果是有两三年工作经验的求职者，则需要换一种思路，可以说："谢谢您问我这个问题，因为过去两年的工作经验，我自己觉得在这方面也积累了一些经验，应该可以为公司做一些贡献，我期望薪资在新的工作岗位上可以有所提高。"这个时候可以直接说出期望薪资，具体数字也是可以的。对于已经有过相关工作或实习经验的应届毕业生，也可以参考这个回答思路。

在谈论薪资待遇时，求职者可以告诉对方一个可以接受的薪资范围，留有一些余地。整个过程应注意礼仪细节，做好表情管理。

反问环节

面试结束前，面试官的最后一个问题往往是："还有问题要问吗？"如果求职者直接回答没有，可能会让面试官认为求职者不是一个很有主见和想法的人，或者对于应聘企业或岗位的兴趣并不大。

那应该问什么？又怎么问呢？询问公司提供培训的频率、工作未来可能会合作的部门、入职之前应该做哪些准备、到外地交流学习的机会等都是不错的选择。

如果以上问题都已经在面试过程中了解了，求职者也可以分享自己的面试感受，可以说："谢谢您！我今天来贵公司面试受益良多。领略到了公司的文化，也从在座的各位身上看到了很多自

职场礼仪

己可以学习的地方。"表现出对所面试职位的渴望和期待,在面谈的最后时刻再次提升面试官对我们的印象。

其他事项

丹尼斯·都德利是一名资深的企业培训师,他在《行动起来:得到工作,获得关注,然后升职》一书中写道:"成绩好、课外活动和实习经历都会加分,但更加难得的是软技能。""如果你的个人技能在竞争中技压群芳,那么你将成为面试官的青睐对象。"其实,面试官并不期望应届毕业生拥有丰富的技术专长,他们更关注的是"你是一个什么样的人,以及如何展示自己"。

全美大学与雇主协会(NACE)在一项关于"雇主对应届毕业生有什么要求"的调研中显示,82%的招聘经理和人力资源专业人士将沟通能力看作是排名第一的技能,紧随其后的是解决问题的能力和团队合作的能力。因此,应届毕业生在回答面试官问题时需要注意以下两点。

第一,真诚完整地表达自己。面试官更倾向招聘那些愿意真诚讲述自己个人经历的人,所以清晰的表达能力至关重要。说话时减少使用听起来像是提问的语音语调,减少口头语,练习表达完整的肯定句,自信地把自己的优势和内心需求展现出来。

第二,在讲述自己的经历时,关注四个词——情形、任务、行动和结果,用具体的故事来展示自己。这个故事不一定是轰轰烈烈的,但它应该是一个有关团队工作和如何解决问题的故事。通过这个具体的故事,向面试官展示我们是如何应对挑战,以及在受聘后会如何对待工作。

与面试官面对面问答的过程是一个综合证明自己最适合所应聘岗位的过程。面试前要对自己的专业素质、核心能力、品德认知、价值观等模块分别进行归纳总结。无论问到什么问题,只要在回答之前,思考一下面试官问这个问题背后的含义,抓住目标岗位要求这个参照物,任何问题都可以迎刃而解。

- 面试中回答全部问题的关键都是如何证明自己最适合这份工作。
- 面试官对求职者的好感源于求职者对面试的重视。
- 回答问题的思路万变不离其宗,运用具体案例进行阐述。

任务达标

扫描下方二维码,观看慕课视频,完成测试。

慕课"经典问题范本"

测试

思考:当面试官问到我们最大的缺点是什么,应该如何回答?

47 最尴尬时请打开此锦囊

> 沟通，是一门生存的技巧，学会它、掌握它、运用它。
> ——拿破仑·希尔

面试是一个求职者与面试官互动的过程，面试招聘的成本要比通过书面考试或者筛选简历和推荐信招聘的成本高得多。用人单位之所以要进行面试，就是为了了解那些无法通过书面考试和简历获取的信息，找到最合适的人选。为了评估求职者是否符合岗位要求，面试官会在这个阶段用各种各样的方式来考验求职者。面试中也许会出现一些突发、尴尬或者两难的情况，但这也是展示求职者实力的好机会。

面试迟到

面试的时候迟到一般会被视为缺乏自我管理能力的表现。无论有何种理由，迟到都会给面试官留下不好的印象。当求职者估算时间发现可能要迟到时，应马上致电面试联系人，说明所在位置以及状况，询问有没有通融的办法。

到达后，应实事求是地向面试官说明迟到的原因，语言简洁，但态度一定要诚恳。真实的原因哪怕不体面也胜过精心编制的谎言，用真诚尽可能地挽回因迟到造成的不良影响。

如果争取到了面试机会，则一定要找到合适的时机向面试官证明自己具备自我管理和约束能力，比如在自我介绍的环节表明自己有常年坚持运动的习惯。

在没有得到用人单位最后的拒绝之前，无论如何也不要放弃面试的机会。不论结果如何，在面试的最后应再次为迟到致歉。

一时语塞

一个求职者在面试过程中多少会遇到一些答不出来的问题。可能依稀记得这个答案在某本书某一章的某一页，或者确实没有答题思路，这个时候应该怎么办？

首先应保持冷静，不要因此表现得手足无措，因为面试官的目的就是想考察求职者身处困境时如何处理和应对。所以千万不要瞎掰胡扯，更不要说一些不着边际的内容，这会被有经验的面试官一眼识破。

好的面试官在设计问题时会考虑问题的深度，提出有些问题时并没有指望求职者能够百分之百地回答出来，而是要观察其解决问题时的表现。因此，除了常识性的问题应简洁准确地回答外，有个别问题答不出来也很正常，这并不等于面试失败。

正确的做法是再次跟面试官确认问题，复述一遍题目以争取时间再好好思考。如果确认答不出来，可以致歉，表示没有办法现在给出有条理的答案，并询问是否可以回答一个自己比较熟知

职场礼仪

和擅长的内容，观察面试官的反应，再做下一步的回答。面对被考倒的情况要尽可能做到从容镇定。

压力面试

有些特定的面试环节，面试官会挑三拣四，基本上求职者说什么、做什么都不对，而且面试官的言辞非常犀利。如果碰到这样的状况，就基本可以判断求职者已经进入压力面试。

压力面试的目的是评估求职者的抗压能力和抗挫能力，营造一个紧张和高压的场景，来观察求职者如何反应。例如，当面试官质疑求职者的成绩单不够漂亮时，他真正想听的并不是有关成绩如何的辩解，而是想测试在面对其他人的质疑和挑战的时候，求职者用什么样的态度去应对。

在面对质疑时，求职者如果变得非常愤怒，甚至反过来质问面试官，或者紧张不安、情绪崩溃，那么这一轮的测验成绩就不会理想。

应对压力面试的技巧就是镇静、平和地去回应面试官的质疑和挑剔。先不要反对别人的说法，可以欲扬先抑，承认自己确实在某方面有缺失，然后尽量展示自己比较擅长的部分，最后向面试官致谢。谦虚诚恳地面对自己的弱点，表明自己的态度，保持良好的礼仪风范是最好的表现。

在面试中遇到一些特殊情况是很正常的，求职者一定要沉着冷静，思考面试官问题背后到底问的是什么？一个人如果对要做的工作有正确的认识，清楚问题所在，即便开始的时候想不到好方法，经过思考和讨论也会找到新方案，这才是面试官想要找到的人才。一切危机都是展示自己的最好时机，自信从容的人可以笑到最后。

- 迅速承认失误并着手下一项工作，比执着辩解要让人舒服得多。
- 面试中所做的每件事情都是要证明我们可以胜任这个岗位。
- 面试最糟糕的表现不是答不出问题，而是听不懂问题胡乱回答。

任务达标

扫描下方二维码，观看慕课视频，完成测试。

慕课"尴尬情景化解"

测试

思考：在面试时，如果发现面试官是在赶电梯时不小心撞到的人，该如何应对？

> **笔者分享**

西装，求职中最经典的选择

关于求职面试礼仪，我们教师团队经常会被问："老师，面试的时候一定要穿正装吗？""穿西装好别扭，现在牛仔裤运动鞋都能穿到办公室了，穿西装是不是太老土了？"

也许大家的求职意向是一家互联网公司，企业的衣着文化很宽松。但曾有一个面向IT从业人员的调研，问他们上班穿不穿西装，大多数IT人员表示："那些高管会这么穿"或者"我升职到一定程度就会常穿，但现在我还是随意一点吧。"

从这个故事中大家听出了什么信号？

第一，IT精英的确穿得休闲随意，但同时他们心里非常清楚，随着自己职业道路的上升，会有越来越多的场合需要穿着正装。

第二，也许暂时的工作对着装没有要求，但了解必备的男装知识，对于判断合作伙伴和商业对手都很有用。

所以如果你问我，怎么能在面试中用最短的时间提升一个男人的职业形象，我的回答其实特别简单：穿西装。

第一，遇到重要场合，穿西装最安全。

西装成为现在这个样式后，已经超过一百年没有大变，是全球通行的男装经典款，也是国际公认的正式场合着装。面试穿西装更有可能给人留下体面、可信赖的印象。因为越是经典，认可的人越多，穿出来就越安全。

第二，想要消除不平等，穿西装最有效。

在很多国际性的重大活动中，如果大家普遍穿正装的话，远看基本看不出地位高低。这恰恰是西装文化所倡导的"场合着装，人人平等"。所以，在面试时穿西装能最大限度地避免因着装带来的差异评价。

第三，想要表现出对求职岗位和目标企业的重视，穿西装一目了然。

对于男士来说，穿西装更能表现出对求职岗位和目标企业的重视和尊重。用郑重其事的态度对待求职，本身就是一种提升自我职业形象的方法。

所以，无论你是谁，西装永远都是你最安全、最经典的选择。

模块十 10
公众演讲礼仪

不积跬步，无以至千里，不积小流，无以成江海。
——《荀子·劝学》

礼仪迷思

谈到演讲大家是否有过这样的经历：演讲前花了很长时间准备，但仍然焦虑演讲时所佩戴的领带与衣服是否搭配？担心如果忘记了要说什么该怎么办？如果听众不喜欢又该如何？如果他们提出刁钻的问题该如何回答？

上台前双手冒汗，来回踱步，两腿发抖，喉咙打结；开始演讲时，讲话变得颠三倒四；放第一张幻灯片时，完全记不清楚应该说什么；演讲结束时，大脑一片空白，难堪地走下台，恨不得找条地缝钻进去。

从此以后暗下决心尽量避免去需要当众讲话的场合，悲观地认为自己不适合当众演讲。

其实，演讲并没有那么可怕。

48 如何克服演讲前的恐惧

> 一切伟大的行动和思想，都有一个微不足道的开始。
> ——阿尔贝·加缪

演讲是否重要？是不是所有的职场新人都需要学习演讲？大家可能会想，我们又不是企业家、成功人士，难道还需要学习演讲吗？其实演讲不仅仅是舞台上的分享，也不只是成功人士、职场精英、演说家们的专利。在生活中，"演讲即日常，演讲即输出，演讲无时不在"。

学习演讲所带来的回报

在信息交流不断增加、知识量呈指数增长的时代，人们需要通过精准的表达来传递信息。擅长演讲也许在人们最应该掌握的技能清单里排不到前三位，但绝对是最有效率的交流方式之一，也是人人都需要学会的交流方式。它往往决定了我们能否从芸芸众生中脱颖而出。

在生活中，我们难免需要做公开发言或工作汇报，和别人交谈时我们难免需要表达观点，甚至说服别人。表达不清、词不达意，可能会让我们痛失良机。而学习演讲能给我们带来三个重要的回报。

第一，培养我们优于常人的逻辑思维能力。

第二，培养我们提高情商、制造情感共鸣的能力。

第三，培养我们建立个人品牌、源源不断地输出价值观的能力。

了解演讲的恐惧

马克·吐温曾说过："世界上只有两种演讲人，紧张的和假装不紧张的。"所以紧张是每个演讲的人都会遇到的问题。

2012年，美国《读者文摘》对815名大学生做过一项调查，想要了解在他们心中什么事最可怕。调查结果显示：死亡排在第二位，公开演讲排在第一位。面对这个结果，我们需要真正了解的问题是，为什么人类在这样的情况下，身体会本能的恐惧？

我们来了解一下演讲恐惧产生的根源。人类大脑里有两个微小的、杏仁状的神经组织，叫杏仁体。作为大脑神经系统的组成部分，杏仁体是人类早期预警系统的一部分，它们不断地扫描危险事物，一旦察觉到危险，就会向身体发出警告。而当我们站在讲台上感觉到有几十双甚至是几百双眼睛在黑暗当中盯着我们看时，杏仁体就会识别危险，并且将信息传回掌握求生本能的大脑，促进肾上腺素的分泌并注入身体系统，从而使我们呼吸急促、心跳加快、手心冒汗，血液会转向胳膊和腿部的肌肉以帮助我们战斗或者是逃跑，同时，血液会从大脑中负责处理语言的前额叶中

职场礼仪

流走，所以我们为演讲而精心准备的话语也会从大脑里面消失，整个人处于被称之为"杏仁体劫持"的状态。无论我们多么聪明、成功或者才华横溢，都不能幸免于"杏仁体劫持"的状态。

实际上，许多国家的领导人、外交官和那些身经百战的演说家们也承认，他们在面对观众时仍然会紧张。所以，克服演讲恐惧并不是某一个人要面对的问题，而是每个人都会面临的问题。

克服演讲恐惧的方法

害怕当众说话的一个主要原因是因为不习惯。越是不习惯的行为，越需要磨炼，只有做到足够努力，才能看起来毫不费力。克服演讲恐惧是需要方法的。

大声反复地练习

大声反复地练习演讲内容是克服演讲恐惧的第一步。在大声练习的时候，我们会习惯于听到自己的声音，也会找到一些之前写稿时没有发现的不流畅或者需要额外补充的部分。通过练习，我们的表达会变得更容易，也会更自信地向他人展示自己的观点。很多成功的演讲者会在信任的朋友或家人面前练习演讲。这些朋友作为预演听众，会给演讲者很真实的反馈意见。

在练习过程中，至少要完成一次录音或录像，听听自己的表达，看看自己的表情。如果可能，最好在要进行演讲的场所里练习并且录像。在将要演讲的地方听到自己的声音会缓解未知恐惧带来的紧张。

最后，在演讲前一晚，回顾一下自己的演讲计划，进行积极的自我暗示，在脑海中预演整个演讲。

利用演讲辅助工具

演讲的焦虑来源于被注视的恐惧。尽管享受别人对自己优秀之处的认可是人的天性，但在众目睽睽之下发表演说，对大多数人来说都是一件困难的事。

在进行演讲时，我们能很明显地感觉到所有人对我们的关注。利用演讲辅助工具则可以让听众的注意力转向其他地方，从而减少演讲人被注视的焦虑，缓解紧张。所以在练习演讲时，可以准备一些辅助工具，如黑板、幻灯片，以及和演讲主题内容相关的小道具等，这些都有助于缓解演讲焦虑。

为演讲精心打扮

当我们知道自己看上去很棒时，无论是因为服饰、发型还是妆容，都会让自己变得更有自信。精心打扮可以提升演讲人的可信度，传达出对听众以及所讲信息的重视程度。

在精心打扮时也需要注意，女士不宜佩戴过于奇异或者光彩夺目的首饰，服装过于艳丽容易分散听众的注意力。男士的服饰可以根据演讲主题、场合多变一点，东方男性总是喜欢穿着灰色或者蓝色的服装，但这类颜色难免给人过于刻板无趣的印象。如果是在比较轻松的场合演讲，不妨试着选择风格稍微活泼一点的服饰，当然具有自己穿衣风格的商业大咖在演讲时也是极具魅力的。

消除环境的不确定因素

熟悉演讲环境，提前到场是减少演讲恐惧非常有效的方法。

到场后我们至少需要做两件事。首先是测试现场的幻灯片播放效果，包括检查计算机、投影、接线、翻页器等。其次要到演讲台上走一走、站一站、说几句话、看一看观众席，感受一下在台上的感觉。

熟悉环境是为了了解舞台位置、听众位置、嘉宾位置，明确自己的位置。这样做的好处是打破我们对整个环境的陌生感，减少意外状况，让心里更踏实。

熟悉听众

在演讲时，最好能把听众想象成自己的朋友。因为和朋友聊天时，我们不会紧张，而和陌生人讲话时，就会相对谨慎一些。因此，要解决面对陌生人的紧张感，最好的方法是提前做好"听众人物肖像画"。我们越了解听众，就越有助于消除紧张。

进行积极的自我沟通和自我暗示

在演讲前，记得对自己进行一番简短的"赛前激励"。提醒自己要讲的内容很重要，暗示自己处在最佳的状态时有多棒，告诉自己紧张是正常的，提醒自己已经做好了充分的准备且充满信心。

站上讲台时，先用一两秒钟迅速地看一下听众，深吸一口气，在头脑中回想演讲的第一句话，默数到五，面带微笑，开始我们精心准备的发言。

集中注意力分享我们的观点，或许仍会感到紧张，但其实听众很少能"看"得出来。不要害怕观众，要坚信他们都是希望演讲者成功的，他们来听我们的演讲就是希望能听到有趣的、有意义的、能激发他们思想的内容。

紧张和兴奋就是硬币的两面，适当保留一点不确定感，会让我们在演讲时更加兴奋，更加投入。当然知易行难，这需要我们自己长时间的揣摩和练习。克服恐惧，战胜困难，深信自己已经准备好演讲，满怀信心地站到台前，就已经是成功演讲的一半了。

小贴士

- 演讲最需要克服的是恐惧。
- 找到最适合自己缓解焦虑的方法。
- 适度的紧张和兴奋有助于演讲发挥。

任务达标

扫描下方二维码，观看慕课视频，完成测试。

慕课"演讲前的准备"

测试

思考：什么因素阻碍了人们公众表达的能力？人们处于什么样的氛围时比较乐意分享自己的观点？

49　怎样构思演讲稿

> 如果我们的目的是想要说服别人,那就特别需要发自内心的自信,以这种内在的光辉来宣讲自己的理念。我们只有先说服自己,然后才能说服别人。
> ——戴尔·卡耐基

想要完成一场精彩的演讲,演讲稿很重要。在撰写演讲稿之前,我们可以列出有关这次演讲的问题清单:我为什么要做这个演讲?我希望通过这个演讲达到的目标是什么?我的听众是谁?当确定了这三个问题后,我们就可以开始正式构思演讲稿了,包括演讲的结构、演讲的思维、如何开场、如何结尾等。

确定演讲目的

一般来说最常见的演讲目的有六种:告知、说服、激励、娱乐、传播、教育。它们的难度从低到高依次递增,告知是最容易的,教育是最难的。只要明确了演讲目标,它就能指导我们的行动,演讲主题就不会跑偏。

目标设置最重要的法则是目标只能设立一个。因为一旦目标超过一个,就等于没有目标。设立目标的技巧就是把演讲的目标归纳提炼成一句话,在演讲过程中反复使用,就算听众忘了其他的演讲内容,这句话就是忘不掉。比如我们一听到"我有一个梦想",就会想起美国民权运动领袖马丁·路德·金。

分析预期听众

美国前总统亚伯拉罕·林肯说过:"当准备发言时,我总会花三分之二的时间考虑听众想听什么,而只用三分之一的时间考虑我想说什么。"

任何一种演讲,其成功的关键都在于听众,所以在确定演讲主题前,我们需要了解听众的心理特征和构成比例,因为他们才是这个场合的中心人物。

在听众分析的过程中,听众的年龄、性别、社会经济背景、种族、宗教、地域和语言及受教育程度等信息会帮助我们从演讲主题列表中选择出一个适合大部分听众的主题线索。通过听众分析,我们可以使演讲内容适应听众的需求、兴趣和预期,帮助我们大大提高演讲效果。

一场好的演讲,能够带给听众精神上的愉快和满足。优秀的演讲者会以慷慨激昂、扣人心弦的语言对听众的理智和情感进行呼唤,提出希望,发出号召,或者展望未来,以激起听众感情的波动,促使听众们展开行动。

构思演讲结构

演讲稿的层次安排要注意通篇格局，统筹安排，给人以整体感；要主次分明，详略得当，给人以稳定感；要相互照应，过渡自然，给人以匀称感。同时，演讲结构不能太复杂，要给人以明朗感。

演讲结构的本质其实就是三个关键词：关键内容、提炼抽象、排列组合。这里给大家介绍三个经典实用的演讲结构，它们分别是黄金圈法则结构、PREP 结构、时间轴结构。

黄金圈法则结构

黄金圈法则结构指的是三个套在一起的圈：最里面的一圈是 Why（为什么），中间一圈是 How（怎么做），最外圈是 What（做什么），如图 10-1 所示。

这个法则最早由 TED 的一位演讲者西蒙·斯涅克提出。他认为在和人们沟通时，通过 Why、How、What，也就是从内圈到外圈的结构顺序向人们阐述我们从事某项事业的动机、方法和具体特征，更容易激发人们的热情。

图 10-1　黄金圈法则结构

Why 是最内圈，主要讲的是目标、使命、理念和愿景。How 是中间圈，主要讲怎么做，也就是具体的操作方法和路径。What 是最外圈，主要说明这件事情是什么，有什么特点，或者要达成的结果。黄金圈法则结构特别适合用来做产品介绍或者项目的演讲。Why 是我为什么要做这个项目？How 是这个项目如何帮助、改变他人？What 是这个项目有什么价值？

2015 年，Facebook 的创始人马克·扎克伯格在清华经管学院做过一次中文演讲，他的框架是这样的：第一层，他讲了 Why，自己为什么要做 Facebook，不是要创立一个公司，而是想把人们联系在一起；第二层，他讲了 How，如何改变世界，有了目标和使命之后，要更"用心"；第三层，他讲了 What，用了一个关于不放弃向前看的故事，号召同学们努力成为领先者，通过互联网影响全世界。

PREP 结构

PRER 结构其实就是我们最常用的"总分总"结构，这是最经典的作文结构。大多数人在学生时代都用这个结构写过作文，它也是绝佳的演讲结构，可以在各种演讲文体、演讲场合使用。

PREP 四个英文字母分别代表：Point（观点）、Reason（理由）、Example（案例）、Point（观点）。

PREP 结构的关键是一开始就要提出观点，不要有半点犹豫，理由可以罗列两三个即可，案例部分最好能结合自己的经历或故事，也可以列举一些知名人物的故事，最后一定要再重复和强调一下提出的观点。

时间轴结构

时间轴结构就是按照事件的过去、现在、未来发展顺序来展开。事件叙述可以讲事实，也可以谈想法，关键是跟随着时间轴来构思演讲稿。

职场礼仪

时间的前后关系是一种强逻辑关系，时间轴结构的关键在于构思发现不同事物或者故事之间的关系，然后根据这些关系去排列先后顺序，通过时间线索将不同的事物或者故事联系起来，并赋予清晰的逻辑。

培养故事思维

好的演讲常常包含故事。为什么演讲需要故事呢？因为故事具有结构模型、场景感、画面感、生动性，这些都是精彩演讲所必需的元素。培养故事思维有三个关键词：收集者、多维视角和善用类比。

收集者

最好的故事当然是发生在自己身上。但如果自己没有故事，就要善于收集。史蒂夫·乔布斯有句名言："好的艺术家复制，伟大的艺术家借鉴。"

故事的收集需要日积月累的主动意识。最好能够准备一到两个和自己百搭的故事，这些故事无论面对什么样的人群都能唤起共鸣。

多维视角

一般人思考问题大多就事论事，看问题只看一个点，这叫单一视角；视野开阔的人，除了一个点，还能在一个问题中看到其他相关的点，如利益相关点或者过程相关点，从而看到一个立体的画面。

一个优秀的演讲者会站在时间和空间的维度看待问题，所有的问题都可以追溯其本源，也可以观察到当下，更可以远眺未来。用这种多维视角的故事思维来设计演讲，效果会很好。

善用类比

谈到复杂的概念和比较抽象的数据时，尽量选用听众所熟悉的故事和事物进行类比。

有一次爱因斯坦先生应邀去一所大学发表演讲，演讲完毕一群青年学生包围了他的住处，要他用最简单的话解释清楚他的"时间会变短，质量会变轻的"的相对论。据说当时全世界只有几个科学家看得懂他关于相对论的著作。爱因斯坦微笑答道："如果你同一个你为之动心的美丽姑娘坐在火炉边，1个小时过去了，你觉得好像只过了5分钟。反过来，如果你对面坐着的是一个老太婆，只过了5分钟，但你却像坐了1个小时。这就是相对论。"

这就是善用类比、大道至简的典范。所以，在演讲中可以借助听众熟悉的事物，帮助他们理解新鲜或者难懂的概念。

设计好的故事

一个好故事有三个关键要素：简单清晰的背景、人物和互动、情节曲折翻转。

简单清晰的背景就是要交代清楚演讲中的故事发生在什么时刻，对背景的描述尽量别超过三句话，不然会显得啰唆而且占用时间。

故事一定要有人物，没有人物的故事就不成为故事。通常，故事中除了自己以外，也应该有其他角色，自己与其他角色的互动构成了故事的情节。

最后一个要素是情节曲折翻转。曲折的情节容易营造一种强烈的场景感，把听众带入到当事人的视角中，也能够让听众有强烈的带入感。

魔法开场

如果能用有趣的开场白吸引听众的注意，整场演讲就会生动不少。演讲的开场白并没有固定的模式，大家可以尝试以下几种开场方式。

提纲式开场

演讲开始前，首先介绍自己是谁，接着来说自己进行这场演讲的目的是什么。可以先把自己要讲的问题简明扼要地介绍一下，使听众有个整体地认识。千万不要小看这种开场，很多人讲了半天，听众都不记得他的重点是什么，所以开场说明主题和目的很重要。

笑话式开场

笑话式开场可以使听众在演讲者的幽默启发下集中精力进入角色，倾听演讲。运用笑话开始演讲要配合以微笑、点头等动作，表现出真实感；要用清楚而贴切的语言，不装腔作势。

故事式开场

如果有一个与演讲内容有关的有趣故事，也可以用作开头，让听众与我们一起进入一个共同的思维空间进行思考，吸引听众，并拉近和听众的距离。需要注意的是，用作开篇的好故事不能太长，要与演讲的目标高度关联，要能引起听众的共鸣。

提问式开场

提问式开场的好处是操作简单，适用场景广泛。如果问题提得好，可以快速活跃气氛，使听众产生一种非听不可的兴趣。

提问式开场有两个关键点：第一，为听众设置一个角色，让他代入其中；第二，让听众在代入的场景里做一个有意义的选择，并且最好是二选一的简单选择。这样的开场会立刻抓住听众的注意力，让听众跟随演讲者的思路。

精彩收尾

能有余音绕梁的结尾，演讲就成功一半了。一场好的演讲其实就是一场头脑旅行，不论是18分钟还是30分钟，演讲者需要做的事情就是作为向导，带着听众去他们未曾去过的地方。旅行结束，记得把听众"送回来"，而"送回来"就要靠一个好的结尾。

结束语在一场演讲中占有非常重要的地位。一个好的演讲结尾是在演讲结束后，仍让人久久难以忘怀。通常，结尾有三种模式可以参考：重复观点、积极召唤、幽默深省。

重复观点

结尾要干脆利落，避免冗长。我们常常会看到一些好的演讲因为一个潦草或者拖沓的结尾而大大减分，让人惋惜。

其实要做到一个好的结尾并不难，最简单的方式就是重新强调我们的观点。我们可以重复在

职场礼仪

前面演讲中多次提及的金句，结尾时再次把这句话说给听众，或者请听众说出来；也可以使用高密度的排比句来进行强调，重申我们的核心信息和价值主张。例如，2010年美国亚马逊总裁杰夫·贝索斯作为荣誉校友在普林斯顿大学2010年毕业典礼上发表了一篇《善良比聪明重要，选择比天赋重要》的演讲。在演讲中，贝索斯分享了一个他的观点——善良比聪明重要，选择比天赋重要。在演讲的结尾，他说："你们会如何运用自己的天赋？你们又会做出怎样的抉择？你们是被惯性所引导，还是追随自己内心的热情？你们会墨守成规，还是勇于创新？你们会屈从于批评，还是会坚守信念？你们会掩饰错误，还是会坦诚道歉？你们要不计一切代价地展示聪明，还是选择善良？"这样一组非常有气势的排比句运用，让人印象深刻。

积极召唤

积极召唤就是鼓励大家即刻行动。需要注意的是召唤内容必须是可以快速且便利实施的。

例如，在一场有关亲情的演讲中，如果我们号召听众今年带着自己的父母一起旅游，号召的推动效果可能会大打折扣，因为听完演讲后大家可能就忘记了。但是如果我们号召大家在演讲结束后马上给父母打一通关心的电话，这个号召的效果就会更好。积极召唤的原则就是要能触发人们立刻采取行动。

幽默深省

除了某些较为庄重的演讲场合外，利用幽默结束演讲可为演讲添加欢声笑语，使演讲更加富有趣味，令人在笑声中深思，并给听众留下一个愉快的印象。

演讲者利用幽默结束演讲时，要做到自然、真实，使幽默的动作或者语言符合演讲的内容和自己的个性。绝不要矫揉造作、装腔作势，否则只会引起听者的反感。

马云在发表创业演讲时的结尾是这样说的："今天很残酷，明天更残酷，后天很美好，但是绝大多数人死在明天晚上而看不到后天的太阳"。听众听完后先是一愣，反应过来后就开始鼓掌，从而在演讲结尾掀起了小高潮。

演讲者可以根据演讲的对象、场合等多方面的因素选择恰当的结尾方式。建议大家可以去研究一些演讲名家的演说，不断地实践锻炼。

奇效幻灯片

幻灯片的作用

演讲本质上是一种信息输出。对于演讲者而言，想要提高信息输出效率，幻灯片绝对功不可没。因为对于信息的接受程度，视觉比听觉至少快6倍，而人们获取外界信息的方式平均有80%通过视觉。

一个制作精良的幻灯片可以帮助我们完成信息的可视化，化繁为简，提供更好的演讲体验。但制作较差的幻灯片不仅会让观众觉得演讲者不专业，还会忽略演讲的内容。

当然，不是所有的演讲都需要幻灯片。故事型的演讲、三五分钟的致辞、自我介绍、即兴发言都可以不用幻灯片。而在正式演讲中，尤其是涉及一些观点、数据、分析、比对的抽象内容，如果没有幻灯片的辅助是很难让人理解关键概念的。

幻灯片的制作技巧

制作演讲幻灯片之前，应该先完成三个准备环节：确定演讲目标、提炼核心内容、确定演讲结构。

幻灯片所呈现的内容一定要简洁明了，凡是复杂、抽象的内容，都要转化成图像进行展示。

幻灯片的色彩要协调，颜色搭配建议不超过两种。除了主色以外，最好选择两个副色，一个与主色调同一色系，区别在于深浅不同或者灰度不同或者透明度不同；另一个副色是主色调的对比色，对比色能体现反差，用来突出需要强调的内容。

在正式的商业场合，尤其是发布会和路演，建议把幻灯片的背景色设计为深色。一是深色背景不刺眼，让听众有更加舒适的观感；二是深色背景的幻灯片更容易拍出漂亮的照片。

最后，还要注意将幻灯片设置为黄金比例（16∶9），画面适当留白，使用高清图片，力求设计风格统一，字体、字号、行间距、对齐方式等统一协调。

演讲是一门艺术，非常讲究技巧。同样的内容对不同的人讲述也会有不同的效果。一个人的演讲能否说服听众，受听众欢迎，除了要看切实的演讲内容，还要运用有效的艺术技巧。一个演讲者只有将合适的内容和精巧的构思完美结合起来，才能使他的演讲"起飞"，"飞入"听众的耳朵，"飞进"听众的心里。

- 确定一个演讲主题，避免目标过于宏大。
- 用故事思维来设计演讲。
- 开场不能太长，篇幅不要超过整个演讲内容的20%；结尾不能太仓促，精彩的结尾可以把演讲效果推向顶峰。

任务达标

扫描下方二维码，观看慕课视频，完成测试。

慕课"演讲时的礼仪"   测试

思考：如何把在生活中收集到的案例和发生在自己身上的精彩故事应用到演讲中？

50　如何打造个人演讲风格

> 礼乐皆得，谓之有德。
> ——《礼记·乐记》

个人风格是与生俱来的，还是后天培养的？在从教的十几年中，通过观察上千名学生，我们发现每个人都具有自己独特的风格。当一个人饱含激情地做某件事情的时候，他的个人风格就会饱满又自然地流露出来。

演讲风格的分类

演讲风格就是演讲者所表现出的特点，通常有这样几种分类：谈话型演讲风格、激昂型演讲风格、严谨型演讲风格、绚丽型演讲风格、幽默型演讲风格和柔和型演讲风格。

一个人的演讲风格可以由一些元素构成，如设计演讲结构的套路，组织内容的习惯，讲故事的方式，或奔放或含蓄的舞台呈现等。这些元素融合在一起就构成了一个人的演讲风格。

每个人的性格、背景、特色都不一样，所以一位演讲者很难把每个元素都做好。但人人都能找到自己的演讲风格，有的人擅长幽默，有的人天生有亲和力，有的人把握结构的能力很强，有的人特别会讲故事。不必模仿别人，只需要找到自己的演讲风格，每个人都是独一无二的。

形成独特风格的技巧

演讲风格的形成不是一朝一夕的事，但是如果我们能把握好以下三点，通过不断地练习和演讲实践，就会形成自己的演讲风格。

扬长避短

每个人都有自己的短处和长处。有这样一句话："世上的失败都是拿你的短板跟别人的长板死磕。"演讲也是这样。一个好的演讲者一定要对自己有足够的了解，这样才能用自己的长处和优势去弥补自己在其他地方的不足。比如，会讲故事、讲笑话，拥有富有魅力的声线或是帅气的外表，都可能成为我们独特的演讲风格。

利用我们的优势精心准备一场演讲并收集观众的反馈，无论这些反馈是好是坏，都会成为我们的参考。经过多次的练习，我们就会清楚地知道自己在演讲上的优势和劣势。

传达清晰的价值观

每一次演讲都要认真准备并积极传达我们的价值观，最好是清晰的价值观。

也许大家会问，演讲风格不就是一个人的演讲是否幽默、是否有感染力、是否有爆发力吗？

这和价值观的表达有什么关系呢？其实幽默、感染力只是停留在浅层和表面的演讲风格，真正的演讲内涵都是在传递我们的价值观。

保持真诚

树立个人演讲风格最重要的一条原则就是保持真诚。不够真诚的演讲不可能成为一个好演讲。

如果缺少真诚，之前所有的演讲技巧，包括设计演讲的目标、结构、开场、结尾、舞台呈现等，都会变得没有灵魂。尤其是当我们还没有找到自己独特演讲风格的时候，至少可以做到保持真诚。

观众除了可以从演讲的眼神、诚恳的语气、微微向前倾的身体姿态中感受到真诚，真诚还来自于我们真实的故事、真实的演讲目标、真实的价值观，以及发自内心的分享。

当我们愿意打开自己的心扉，向观众展现一个真实、美好的自己时，就是在向观众传递真诚。

得体的服饰装扮

服饰装扮具有扬美与遮丑的功能，它可以反映人的精神风貌、文化素质和审美观念，还能充分体现一个人的个人特点。演讲时，人们不仅会听到演讲者的声音，看到演讲者的姿态，还会注意演讲者的服饰。要想演讲顺利成功，就要给听众留下良好的印象，只有形象先过关才更能调动听众的积极性。

一般来说，服装与体态要协调，演讲者在选择服饰装扮时，必须考虑整体美感，不可为个别部位的美而破坏了整体形象美。此外，还需特别注意的是服饰装扮与演讲内容、思想感情的协调。演讲者要根据其演讲内容、思想感情的不同而决定服装的款式。演讲不是文艺演出，不是戏剧表演，服装与演讲主题和内容相协调，能够帮助演讲者树立自己在听众心目中的个人品牌形象。

自然的仪态控制

在塑造个人演讲风格以及在台上展示风采的时候，演讲者所站的位置、姿势、眼神和面部表情，都是需要特别控制的。

学会善用空间

空间就是指进行演说的场所。演讲者所在之处一般以位居听众注意力容易汇集的地方最为理想。所以，在演讲时，演讲者一般位于场地的前方，而不是正中央，因为中间位置会使背对的听众注意力分散，且不容易和所有听众有眼神上的交流。因此，让自己位于听众注意力容易汇集之处，不但能够提升听众对于演讲的关注，甚至还具有增强演说者信赖度和权威感的效果。

呈现积极的姿态

演讲最好采用开放型姿势，因为开放的姿态有助于使观众感受到演讲者的真诚。真诚是最好的演讲"语言"，用真诚的态度坦然且投入地讲述自己的故事，演讲自然会释放出应有的光芒。

演讲时，可以将双手相握自然地放在身前或身后，也可以放松垂在身体的两侧。适当的手势

职场礼仪

能加强演说的效果，但避免一直重复单一的动作，也不要大幅度地挥动手臂，以免分散听众的注意力。

虽然每个人的性格与平日习惯的姿势对演讲的姿势影响很大，不过仍有一些诀窍，可以使演讲姿势看起来较为"轻松"。一个诀窍是站立时双脚张开，与肩同宽，将整个身躯挺直；另一个诀窍是通过手触桌边或手握麦克风等动作，表现出较自然的演讲姿态，缓解紧张情绪。

演讲时应尽可能解放双手，不要过度紧张，让身体放松。过度紧张不仅会使人呈现笨拙僵硬的姿势，还会影响口头表达的通顺。

注意和听众的视线交流

在大众面前演讲就必须要承受来自各方的注视，尤其是当我们走到麦克风旁边，站立在大众面前的那一瞬间，来自听众的视线有时甚至会让我们被刺痛。演讲时，不可以忽略或者完全避开听众的视线，即使我们知道不是每位听众都会投以善意的目光。

克服视线压力的秘诀就是边进行演讲，边从听众当中找寻那些向自己投以善意而温柔目光的人，并且忽略那些冷淡的目光，还可以把视线投向那些强烈点头以示认同的人，用积极的心理暗示告诉自己听众都是自己的朋友、亲人。

演讲时，视线过于向上或望向天空，会给人一种目空一切或思想不集中的错觉；而视线过低，习惯于低头看稿或看地板，不与听众有目光交流，会给人不自信和做了亏心事的印象。这几种情况都将直接影响我们的演讲效果。

演讲者可以把听众席分割成数个区域，在演讲过程中用眼神巡视、覆盖全场，并使视线在每个区域都有停留。在演讲过程中，虽然演讲者是面对许多人在讲话，但从听众的角度来看则只是在听一个人讲话，所以听众对于演讲者的眼神是有期待的，这种期待是一种本能。如果演讲者的眼神始终没有给到听众，大多数情况下听众会从内心放弃演讲者。

对于眼神交流，有的人会陷入另外一种误区，即与台下的每一位听众都一一进行眼神互动。在全场听众众多的情况下，如果演讲者扫视每一位听众，反而会显得眼神散漫，或者使被注视的听众有压迫感。正确的做法是将眼神停留在某个具体的听众身上不宜超过 5 秒，大部分时间将目光停留在听众席相对中间稍远的区域，找一个视觉驻留点，这样演讲者既可以给自己找到对象感，也能减轻现场的紧张感。

管理面部表情

演讲者的面部表情无论好坏都会给听众留下极其深刻的印象。演讲的内容即使再精彩，如果演讲者的表情总让人觉得缺乏自信，演讲就很容易变得欠缺说服力。

控制面部表情的一个诀窍是不可垂头，人一旦垂头，就会予人"丧气"之感，而且若视线不能与听众接触，就难以吸引听众的注意；另一个诀窍就是语速放缓，说话的速度一旦放缓，演讲者的情绪即可稳定，面部表情也得以放松。

演讲时可以根据演讲的内容变换自己的表情，时而微笑，时而严肃。

均衡的声音

演讲前，演讲者一定要充分休息，养精蓄锐，确保演讲当天精力充沛。演讲时，要声音洪亮，表现得自信而有气度。演讲时的声音很重要，尤其是语速和停顿，都需要刻意地练习。

进入语速舒适区

演讲时，演讲者的发言应该带有节奏感，配合恰当的停顿，让听众听起来感到轻松和舒适。一般来说，每分钟 180~220 字是让人感到舒适的语速。例如，马云的中文演讲语速平均在每分钟 200 字左右，罗振宇"时间的朋友"跨年演讲平均语速为每分钟 212 字，罗永浩"一个理想主义者的创业故事"平均语速每分钟 225 字。演讲者的个人风格，也会影响演讲的语速。

巧妙应用停顿

演讲过程中，停顿所产生的时间空隙是让听众的大脑有充裕的时间处理信息。所以，讲完重点内容后，演讲者最好停顿片刻，给听众留出时间消化关键信息。用好停顿有两个技巧。

第一，停顿是一种自然的表现。每一次连续完整的表达中，应充分发挥标点符号的作用，如逗号停顿 0.5 秒，句号停顿 1 秒，确保每位听众都有额外的时间消化内容，然后再进入下一个话题。

第二，停顿是一种加强含义而采取的策略性沉默，可以用来强调重要的观点。演讲者既可以在表达某个重要观点之前停顿，提示听众即将要讲的是重要内容；也可以在表达重要观点之后停顿，从而让读者能够充分理解。在一个句子中一次或多次停顿可以进一步增加演讲的效果。

灵活使用重复技巧

重复也是很多演讲大师们惯用的演讲手法。例如，当谈论了某个重要观点后，下一句会换种说法，重复描述一个一致的观点。这样做并不是演讲大师们的失误，而是在使用演讲技巧。

在演讲过程中，用不同的方式重复同样的信息可加深听众的印象，强调观点的重要性，给予听众消化信息的额外时间。当然，这个技巧不能过度使用，适当重复即可。

演讲绝不是朋友之间的闲聊，而是一种受过训练后的表演。因此，只要进行刻意的训练，保持怀疑精神、不断探索，每个人都可以完成一场精彩的演讲。但也请记住，所有的技巧都代替不了真诚的态度和思想本身。我们要表达的观点永远凌驾于所有的技巧之上。

没有人天生就是一个演说家，也没有人天生就懂礼仪。"宝剑锋从磨砺出，梅花香自苦寒来。"任何人都无法凭空获得信心，也没有人能够赐予我们信心，因为信心是来自于自我挑战的过程。因此，无论是演讲高手，还是礼仪高手，都是经过刻意的练习，长期积累才能练成的。

- 相信自己是独一无二的，每个人都能找到自己的演讲风格。
- 好的演讲一定是经过多次刻意练习的结果。
- 真诚的分享才是演讲的核心。

任务达标

扫描下方二维码,观看慕课视频,完成测试。

慕课"完美的谢幕"

测试

思考:如何打造自己的个人演讲风格?如何把礼仪知识运用到演讲中?

演讲与人生

提起演讲和公众表达,大多数人都会认为那是专业人士才需要做好的事情,不需要专项学习。其实,不瞒大家说,我在成为一名大学教师之前,也是这样认为的。今天就来说一说,我与演讲课程之间的小故事。

作为一名非师范院校毕业的老师,在走上讲台之前,我受到过的公众表达的训练是非常少的。可是,当我有幸成为一名大学老师,我的工作要求我面对学生讲课,要精准地把自己的知识和思想传递给学生,公众表达几乎成了我每天的必修课。

回想起自己教师生涯的第一次试讲,虽然已经担任了长达一个学期的助教,完成了试讲前教案的准备、课件的制作,进行了多次逐字逐句的演练,可是试讲前仍然紧张得彻夜难眠,站在讲台前还是难免结巴卡壳儿,甚至还遗忘了一些重要的内容。

这时候,我才意识到,哪怕作为一名教师,公众表达都是需要反复刻意练习来提高的。后来在长期从事一线教学中发现,演讲和公众表达能力不仅对老师重要,对学生来说也很重要。

对学生来说,从小组作业汇报、毕业论文答辩、各类比赛的模拟路演,再到求职面试找工作,用到公众表达能力的地方太多了。

回首这十多年的教学生涯,自己已不是站在讲台上那个紧张局促的"青椒",面对学生也可以神情自若地侃侃而谈。可是每学期讲完一门课,不论这门课讲过多少遍,仍然觉得有很多地方需要改进。往往越是深入地学习与实践,越觉得还有很多知识值得学习和探索。所以无论是演讲还是礼仪,我们都需要花时间不断地去学习和思考。

参考文献

[1] 李媛媛. 商务礼仪实训[M]. 成都：西南财经大学出版社，2016.
[2] 杜明汉. 商务礼仪：理论、实务、案例、实训[M]. 北京：高等教育出版社，2010.
[3] 罗树宁. 商务礼仪与实训[M]. 2版. 北京：化学工业出版社，2012.
[4] 杨路. 高端商务礼仪：56个细节决定商务成败[M]. 北京：北京联合出版公司，2013.
[5] 惠特摩尔. 礼仪的价值：迈向成功必备的9堂修身课[M]. 唐舒芳，译. 北京：机械工业出版社，2016.
[6] 柯诺. 法式礼仪：优雅的艺术[M]. 韩书妍，译. 武汉：华中科技大学出版社，2020.
[7] HANISCH H. Der kleine Gäste-und Gastgeber-Knigge[M]. Norderstedt：BoD-Books on Demand，2019.
[8] 田朴珺. 那些钱解决不了的事[M]. 北京：北京联合出版公司，2018.
[9] 李嘉珊，刘俊伟. 国际礼仪范式[M]. 北京：高等教育出版社，2012.
[10] 杨金波. 政务礼仪[M]. 北京：中华工商联合出版社，2021.
[11] 王旭. 因理而教　为礼而学：以成果为导向的礼仪教学[M]. 北京：企业管理出版社，2020.
[12] 速溶综合研究所. 如何给别人留下好印象：职场第一课·印象管理[M]. 北京：中信出版社，2018.
[13] 吕艳芝. 公务礼仪标准培训[M]. 3版. 北京：中国纺织出版社，2021.
[14] 金正昆. 商务礼仪教程[M]. 5版. 北京：中国人民大学出版社，2016.
[15] 熊卫平. 现代公关礼仪[M]. 2版. 北京：高等教育出版社，2007.
[16] 张晓梅. 晓梅说商务礼仪[M]. 北京：中国青年出版社，2014.
[17] 刘丽娜. 哈佛社交礼仪课[M]. 北京：中国法制出版社，2016.
[18] 姜秋月. 优雅一生的33堂礼仪课[M]. 北京：中国纺织出版社，2017.
[19] 普瑟，张玲. 商务礼仪：聆听国际大师最权威的礼仪课[M]. 北京：科学出版社，2014.
[20] 胡爱娟，陆青霜. 商务礼仪实训[M]. 4版. 北京：首都经济贸易大学出版社，2018.
[21] 周思敏. 你的礼仪价值百万[M]. 北京：中国纺织出版社，2010.
[22] 纪亚飞. 新时代服务礼仪[M]. 北京：中国纺织出版社，2023.
[23] 海英. 礼仪中国[M]. 北京：北京师范大学出版社，2021.
[24] 单铭磊. 中国人的礼仪文化[M]. 北京：化学工业出版社，2021.
[25] 彭林. 礼乐中国[M]. 杭州：浙江文艺出版社，2022.

后 记

礼仪是一种思维方式，也是一种生活方式，更是一个人一生都在经历的修行。

儿时的记忆也许已经没有那么清晰，但关于礼仪，有两件事情始终让我记忆犹新。第一，见到人一定要问好，如果表现得不礼貌会被父母"好好地教育"。第二，吃东西前，一定要先给妈妈吃。那时候，很多人不理解为什么我的妈妈一定要吃那一口，其实妈妈是在培养我分享、尊重、舍得的品德。

在德国读书的8年，我发现自己又多了几分礼仪习惯。例如，德国人喜欢问候他人，喜欢说"谢谢"，以至于我刚回国的时候，同事们都说"你怎么那么客气！"德国人严谨，我也养成了工作小本子不离手、开车规规矩矩的习惯。

在欧洲，我不仅收获了学业，还因为懂礼仪遇到了我的先生。在希腊的圣托里尼岛，当他给朋友拍照时，我没有像大部分游客一样直接穿过，而是静静地站在一旁等待。就这样一个小到不能再小的行为，却让他印象深刻。也许，在某时、在某刻，一个不经意的举动，我们就吸引到了别人的关注。

2010年，我正式成为了一名大学教师，幸运地遇到了帮助我成长的领导和志同道合的伙伴。很多人对我的评价是严谨、礼貌，但因为中德文化差异，我也遇到过一些有关职场礼仪的小困惑，例如，对时间观念的理解有差异、用餐的礼仪习惯不同、不懂如何用赞美的语言介绍他人等。

但人生本就是一个不断学习、不断思考、不断实践的过程，礼仪也是如此。美国作家玛丽琳·弗格森曾说过："谁也无法说服他人改变，因为我们每个人都守着一扇只能从内开启的改变之门，无论动之以情或晓之以理，我们都不能替别人开门。"所以，当大家读完这本书的时候，我们真的很高兴，因为你已经迈出了开启礼仪和职场之门的第一步。

在未来，我们和礼仪的故事还会一直延续。我很期待看到大家的礼仪故事，期待礼仪能帮助更多的人在学习、生活、爱情和工作中遇到更加优秀的自己。让我们一起努力成为一个知礼、懂礼、守礼、行礼的践行者吧！